世界権力者 人物図鑑

Who Governs the World

世界と日本を動かす本当の支配者たち

はじめに

この本で、今のアメリカ政財界（最高支配者たち）と世界の動きが大きくわかる。私たちの日本国の運命もわかる。これらの53項目の写真をじっくりと見てください。世界を動かしている超大物人物ばかり76人を並べました。今こそ、大きな真実を日本国民は知るべきだ。

私は金融・経済の本をたくさん書いてきた。しかし本来の私の専門はアメリカ政治思想研究である。私のアメリカ研究30年の成果を、あえてこの一冊の写真集《グラビア》に表した。

今、日本の政治は緊急事態に突入している。２００９年末から鳩山民主党政権を転覆させるクーデター計画が実行に移されている。これは、日本の検察庁（およびオール官僚機構）と大手テレビ・新聞を使っての政府転覆の企《くわだ》てである。このアメリカの最高司令官は、本書「50」（Ｐ１１８）に載せているジョゼフ・ナイ・ハーバート大学教授である。

自分ではエリートで高学歴だと思っているのに、実際には単行本を買って読みもしない官僚や大企業幹部たち、日本のエリート（本当は今や最大の落ちこぼれ階層）に向けて、この『世界権力者 人物図鑑』を編《あ》んだ。

黒人のオバマ大統領は任期半《なか》ばで辞任するだろう。そのあとはワルのヒラリーが継ぐ。そしてさらに４年間、民主党の大統領を務める。これは私の予言《プレディクト》である。私はこれまで自分の予言（予測）をハズしたことがない。

この『世界権力者 人物図鑑』を店頭でパラパラめくってわかった気にならず、必ず買って家でしっかり読みなさい。そうしたら、あなたは格段に頭が良くなる。そして本当の世界の権力構造がわかる。

副島隆彦《そえじまたかひこ》

世界権力者 人物図鑑　目次

の頂点

2009年1月、全世界の期待を背負って誕生したオバマ政権。

しかしオバマ政権はスタートから難局に立たされている。

政権内部でいったい何が起こっているのか——。

今なお世界帝国の頂点に君臨する最高支配者たちの実像。

写真提供：PANA通信社

写真提供：Getty Images

第1章

世界権力

写真提供：Getty Images

世界帝国アメリカを支配している者たち

写真提供：PANA通信社

1

バラク・オバマ

ロックフェラー家に選ばれたオバマ大統領

悪いことをしない 立派な大統領

バラク・オバマは、NY《ニューヨーク》の金融財界人たちの頂点にいるデイヴィッド・ロックフェラーが、あらかじめ首実検をして、「次はこいつにする」と6年前に決めた大統領だ。

この計画は、2004年11月、オバマが、イリノイ州の州議会《アセンブリ》の上院議員から、連邦の上院議員（イリノイ州選出）になったときに実行に移された。そして、民主党大会に不意に出てきて、実に爽《さわ》やかな演説をした。

私は、「次はこの人なんだな」とピンと来た。オバマはいいヤツだ。出身地のシカゴでのオバマの演説をテレビで聞いていたら、彼の人間的な真剣さと真面目さが滲《にじ》み出ていた。

オバマはもしかしたら、本気でアメリカ改革をやろうとしているのかもしれない。

米大統領は操られ人形

だが、そんなことは幻想だ。彼もまた、操《あやつ》られ人形（マリオネット、傀儡《かいらい》、パペット）の米大統領のひとりに

この人物がジェイ“Jay”ロックフェラー上院議員だ

大統領就任式

「お前を守ってやる」

2009年1月20日、ワシントン・キャピトルヒル。周りにはオバマの同僚で仲のいい有色の上院議員たちが並んでいる。その様子を見守るジェイ・ロックフェラー(P12参照)。

写真提供:AFLO

大統領就任の日のパレード。形だけは民主政治体制になっているアメリカ合衆国の指導者までも、NYの金融財界が実質的に決めている。オバマは、どんなに不愉快でも、彼らの言うことを聞かなければならない。これが、アメリカの真実の歴史だ。

写真提供:Getty Images

すぎない。

かつてのトルーマンも、アイゼンハウワーも、ニクソンも、レーガンも、皆、田舎くさいオヤジで、泥くさいアメリカ人の本物の男たちであった。それでも、彼らはロックフェラー家に選ばれて大統領になった。

だから自分の政権の末期には、さすがに堪忍袋の緒が切れて、「私は、アメリカ国民の代表だぞ。アメリカ国民のために尽くす」と遅まきながらの爆弾演説をする。そしてNYの財界人たちに失脚させられる。

リンカーンも、NYの金融財界人たちから、「どうもあいつは、私たちの言うことを聞かなくなったようだな」と判断されて暗殺された(1865年4月15日)のである。

PROFILE バラク・フセイン・オバマ

Barack Hussein Obama 1961年～

1961年	ハワイ州に生まれる。
1983年	コロンビア大学で政治学を専攻。
1991年	ハーバード大学ロースクール卒業。 黒人初の『ハーバード・ローレビュー』誌編集長になる。
1992年	弁護士、シカゴ大学ロースクールで憲法学講師を務める。
1996年	イリノイ州上院議員に選出。
2004年	連邦上院議員(イリノイ州)に選出。 米民主党全国大会で伝説的な演説を行なう。
2007年	大統領選挙出馬を表明。
2008年	民主党大統領候補指名争いでヒラリー・クリントンに勝利。 米大統領選挙で共和党のジョン・マケインに勝利。
2009年	黒人初のアメリカ合衆国大統領になる。

2

ヒラリー・クリントン

ヒラリーが次の大統領になる

迫りくる“ヒラリー・ファシズム”

孤立しながら自分たちを守るオバマ夫妻

写真提供（上２点）：Getty Images

性悪女（ヒラリー）と立派な奥さま（ミシェル）の闘い

ヒラリー・クリントンは残酷《ざんこく》な女である。〝世界皇帝〟であるデイヴィッド・ロックフェラー（2010年6月で95歳）の言うことをなんでも聞く。旦那のビル・クリントンも婦唱夫随でヒラリーに従う。

オバマ政権はできた途端から厳しい局面に立たされた。オバマは、優秀な頭脳を持った冷静沈着な人物である。しかし、彼の横にいる実に立派な奥さまであるミシェルと2人、すでに大きく孤立を始めている。

オバマはやがて保険法案や金融・経済政策に失敗し、国民の不評を買って、〝I resign.〟「アイ・リザイン（私は辞任する）」と、健康上の理由を挙げながら辞任していくだろう。遅くとも2011年中に。

残酷なヒラリーが次の大統領になる

そして次にヒラリーの政権ができる。副大統領のジョー・バイテンは初めから実力がない人だ。ジョー・バイテンは、通勤電車で議会に通うような気さくな民主党（米民主党というのは、もともとはそういう庶民と労働者の党なのだ）の上院議員だった。バイテンはネオコン派と対立するCFR《シー・エフ・アール》（外交問題評議会。アメリカの経団連のような財界団体）系の人物である。

共和党の大統領候補はサラ・ペイリン（前アラスカ州知事）に決まりつつある。女どうしの一騎打ちをやらせてヒラリーが勝ち、さらに4年間も続ける。そして〝ヒラリー・ファシズム〟と呼ばれる金融統制体制を敷く。世界が大恐慌に突入する直前に、統制経済（コントロールド・エコノミー）にする。

PROFILE ヒラリー・ローダム・クリントン
Hillary Rodham Clinton 1947年～

1947年	イリノイ州シカゴに生まれる。
1969年	マサチューセッツ州の名門女子大ウェルズリー大学を卒業。
1973年	イェール大学ロースクールを卒業
1974年	弁護士として下院司法委員会によるニクソン大統領の弾劾調査団に参加。
1975年	ビル・クリントンと結婚。
1979年	ビルがアーカンソー州司法長官に。1981年まで長官夫人。
1983年	ビルがアーカンソー州知事に就任。1992年まで州知事夫人。
1993年	ビルが大統領に就任。2001年まで大統領夫人。
2001年	連邦上院議員（ニューヨーク州）に選出。
2008年	オバマ政権での米国務長官への指名発表。
2009年	米国務長官（第67代）に就任。

大統領夫人のミシェルは、ヒラリーの政権入りに猛反対した。ミシェルは立派な奥さまで、本物のリベラルである。ミシェルはホワイトハウスの中でヒラリー派に立ち向かい、厳しい局面にあるオバマを支えている。

写真提供（上4点）：Getty Images

3

デイヴィッド・ロックフェラー

この男が死ぬまで〝世界皇帝〟

写真提供：Getty Images

日本は、現在の世界覇権国（ヘジェモニック・ステイト）であるアメリカの〝属国〟だ。これは私が作った理論だ。今、アメリカだけでなく、世界を実質的に支配しているのが〝真の世界皇帝〟デイヴィッド・ロックフェラー（95歳）である。

　昭和天皇が1982年に訪米なされたときも、ニューヨークでの晩餐《ばんさん》会の席で昭和天皇の傍《かたわ》らにいた。この人物が、大きくはすべてのことを決断し、あれこれ指図して世界を管理し、戦争もやらせ、作為的に各国の民衆を興奮状態に置いて、この50年間、壮大なる「パンとサーカス」（〝Bread and circus.〟ブレッド・アンド・サーカス）をやってきた。

〝世界を支配する実質の世界皇帝〟

　このデイヴィッド・ロックフェラーが、1980年代から今までずっと〝実質の世界皇帝〟であると、私は平気で書いてきた。私は本当の大きなことにしか興味がない。デイヴィッドは、ワルのディック・チェイニー（前副大統領）とか、ポール・ボルカー（元FRB議長）とか、サンフォード・ワイルのような、後掲する自分の大番頭クラスの人たちに「次はこうやれ」と命じて世界を動かしてきた。それがそろそろ怪しくなっている。

　直接の家来（忠臣）でない者は、デイヴィッド・ロックフェラーと直接、口をきくことはできない。

　日本の主要な財界人たちも、彼に会って挨拶しているのだが、各国の大統領でも、デイヴィッドから見たら、駒《こま》でしかない。こういう構図自体を、どうして、誰もはっきり書いてこなかったのか。

PROFILE デイヴィッド・ロックフェラー・シニア
David Rockefeller, Sr 1915年～

1915年	ニューヨークに生まれる。
1936年	ハーバード大学卒業。卒業後は同大大学院。ジョゼフ・A・シュンペーター、フリードリッヒ・フォン・ハイエクらに直接学ぶ。その後、ロンドン・スクール・オブ・エコノミクスで学ぶ。シカゴ大学で経済学の博士号を取得。
1941年	第二次世界大戦では陸軍大尉として従軍。
1946年	チェース・ナショナル（後のチェース・マンハッタン銀行）銀行に入行。
1969年	同銀行の頭取兼最高経営責任者に就任。
1973年	米欧日三極委員会を設立。
1981年	チェース・マンハッタン銀行頭取兼最高経営責任者を退任。
2002年	自伝を出版（邦訳は2007年）。

写真提供：共同通信社

訪米された天皇陛下と共に自宅のバラ園を散策するデイヴィッド・ロックフェラー（1994年6月17日）。

写真提供：PANA通信社

1990年、ワシントンで行なわれた日米欧三極委員会の会合にて。

人質

ジェイ（左）とデイヴィッド（右）に挟まれた豊田章一郎トヨタ自動車名誉会長。

写真提供：Getty Images

4

ジェイ・ロックフェラー

ジェイが小沢一郎を守ろうとするが……

ジェイ・ロックフェラー（ジョン・ダヴィッドソン・ロックフェラー4世、73歳）は、ウェストヴァージニア州選出の現職の上院議員である。ロックフェラー家の直系の4代目の嫡男《ちゃくなん》であり、ゴールドマン・サックスの真のオーナーだ。

ロックフェラー家当主の座をめぐって、このジェイ（甥《おい》）とデイヴィッド（叔父）は、長年跡目争いをしてきた。この2人の骨肉の争いが世界の中心である。デイヴィッド（95歳）があと数年で亡くなったあと、どうなるか。誰がニューヨークの金融・石油財閥の総帥になるのか。

ジェイは、若い頃、日本の東京（三鷹）にあるICU《アイ・シー・ユー》（国際基督教大学）の大学院を卒業している。だから、「ジェイは日本通だ。日本のことをよく知っている。日本人の友達がたくさんいる」ということではない。そうではなくて、「日本は、彼のもの」ということなのだ。

ロックフェラー家にしてみれば、日本も中国も、我が家の財産だ、と

日本と中国は“ジェイのもの”である

ジェイは、日本の東京の三鷹にあるICUの大学院に来て卒業している。この若い頃の写真では、日本語で日本の憲法典の人権編のあたりを、おかしな日本語の文章で黒板に書いている。

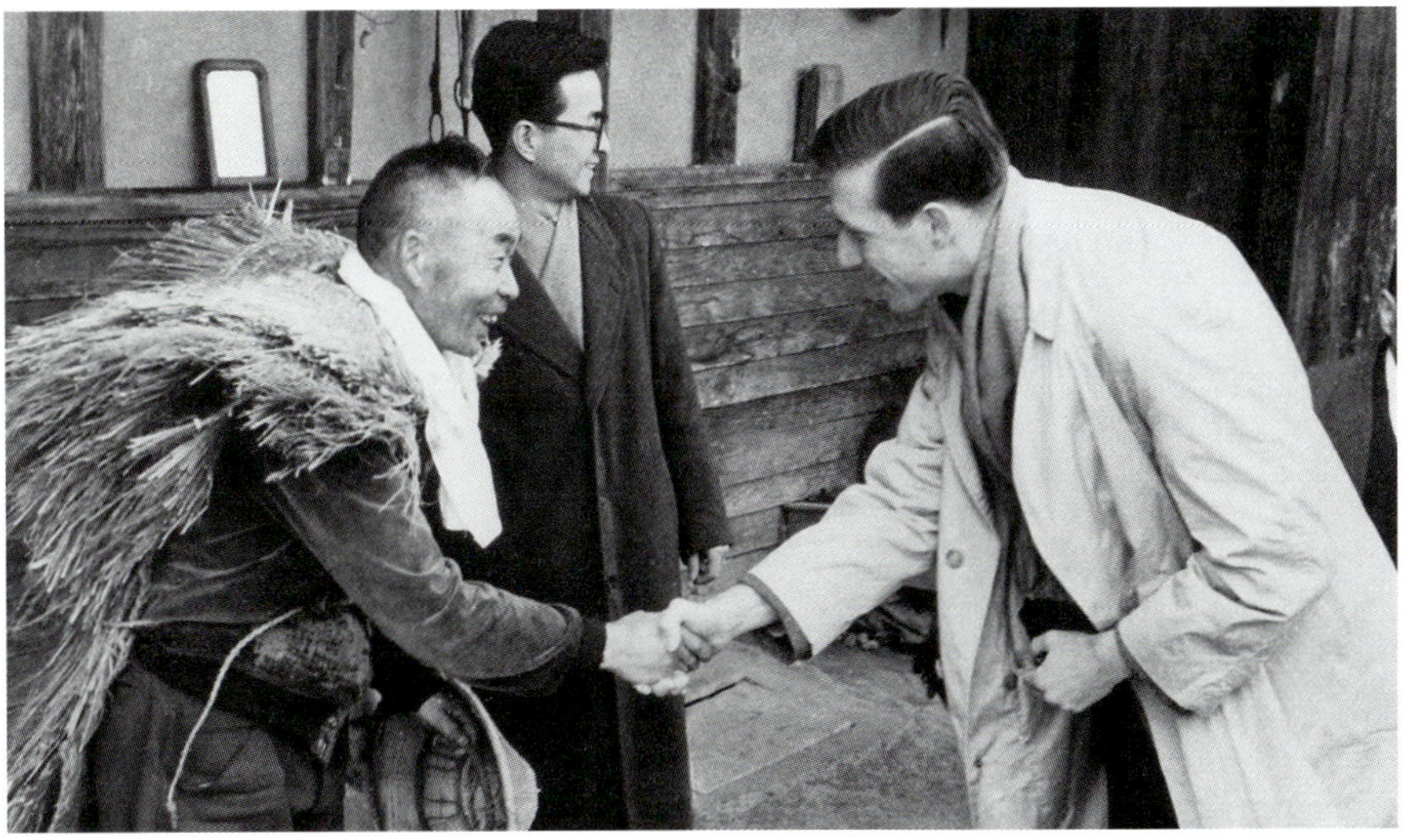

1958年、ジェイ（20歳の頃）が岩手の農村を見学し、地元の農民と交流したときの様子。

写真提供：毎日新聞社

ジェイが序文を寄せた小沢一郎の著書『日本改造計画』（『ブループリント・フォー・ア・ニュー・ジャパン』）

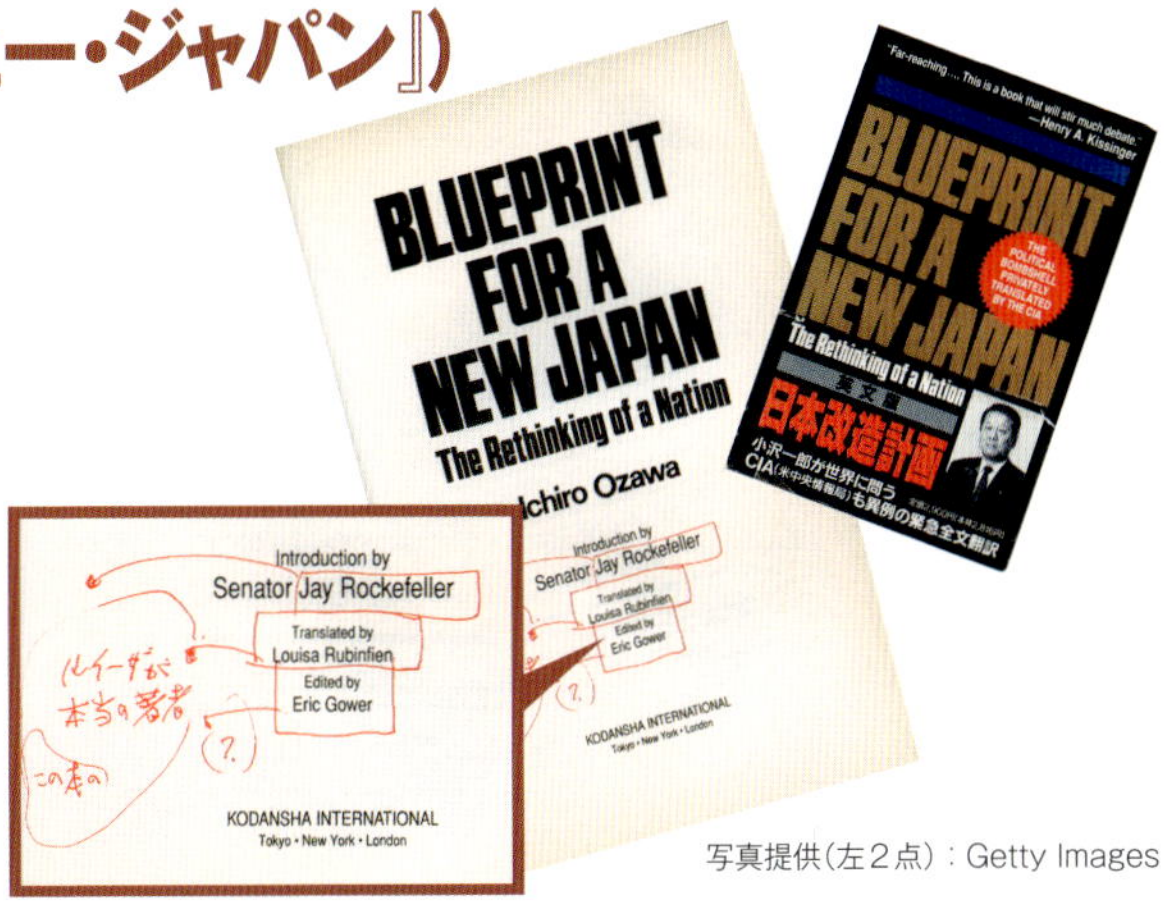

写真提供（左２点）：Getty Images

この『ブループリント・フォー・ア・ニュー・ジャパン』“ BLUEPRINT FOR A NEW JAPAN ”は、小沢一郎著『日本改造計画』の翻訳本ということになっている。しかし真実は、その逆で、この英文書のほうが親本であり、先に書かれた。その日本語訳が『日本改造計画』である。書いたのはルイーザ・ルービンファインというハーバード大を出て、小沢事務所にいた女性日本研究者である。このルイーザの母親が、中学生の頃の小沢一郎に直接、英語の家庭教師をした。国王教育である。

いうことだ。私たち日本人も彼の持ち物なのだ。こう考えれば、江戸時代の領主である大名と領民との関係と同じで、私たちにも真実がわかる。そういうことなのである。

ジェイの友人 日本国王・小沢一郎

1994年に小沢一郎が出版した『日本改造計画』（講談社刊）およびその「英文版」（上掲）では、ジェイが序文を寄せている。だから小沢一郎はアメリカが育てた本当の日本国王（帝国と取引し、駆け引きをするナショナリスト）なのだ。他の日本の政治家たちとは、はじめから格（クラス class）が違うのである。

PROFILE ジョン・ダヴィッドソン"ジェイ"ロックフェラー4世
John Davidson "Jay" Rockefeller IV 1937年～

1937年	ニューヨークで生まれる。
1954年	フィリップス・エクセター・アカデミーを卒業。
1961年	ハーバード大学を卒業。専攻は東洋の歴史および言語。卒業後は東京の国際基督教大学で日本語を3年間学ぶ。
1967年	上院議員チャールズ・パーシーの娘シャロンと結婚。
1976年	ウェストヴァージニアの知事に選出される。
1980年	ウェストヴァージニアの知事に再選される。
1984年	上院議員（ウェストヴァージニア州）に選出される。
1990年	上院議員（ウェストヴァージニア州）に2度目の選出。
1996年	上院議員（ウェストヴァージニア州）に3度目の選出。
2002年	上院議員（ウェストヴァージニア州）に4度目の選出。
2008年	上院議員（ウェストヴァージニア州）に5度目の選出。

5

ロックフェラー家

石油の発見とロックフェラー財閥

ロックフェラー家　家系図

ジョン・D・ロックフェラー1世
(1839〜1937)
初代当主
石油王、スタンダード・オイル設立
(現在のエクソンモービル、シェブロンテキサコ)

ジョン・D・ロックフェラー2世
(1874〜1960)
2代目当主
ロックフェラー財団設立、
国連本部ビル敷地を寄贈

ジョン・D・ロックフェラー3世
(1906〜1978)
長男
三代目当主。アジア・ソサエティを設立。

ネルソン・オルドリッチ・ロックフェラー
(1908〜1979)
二男
ニューヨーク州知事。共和党フォード政権副大統領。ウェブロン・ベクテル社のオーナー。

ローレンス・S・ロックフェラー
(1901〜2004)
三男
マクダネル・ダグラス社のオーナー。

ウィンスロップ・ロックフェラー
(1912〜1973)
四男
アーカンソー州知事。ビル・クリントン元大統領の実父。

デイヴィッド・ロックフェラー
(1915〜)
五男
現在の当主。95歳の"世界皇帝"。

ジョン・D・ロックフェラー4世
(1937〜)
通称「ジェイ」。現在73歳。
次期当主(3世の息子・直系)。
民主党上院議員、
小沢一郎と親密。

分家である叔父のデイヴィッドと、本家である甥のジェイが当主の座をめぐり対立。

1859年に、北米の五大湖のひとつのエリー湖のほとりで石油が「発見」された。それまでは現地のインディアンたちが自然湧出する石油を煮炊き用と暖房に細々と使っていただけだった。そして、この1859年にカーネル（自称大佐）・ドレイクが史上初めて石油の掘削に成功した。

この石油が燃料と明りになることがあきらかとなり、人類のエネルギー革命が始まった。この6年前、幕末の日本にペリー艦隊が開国要求に来ている。

掘削されて樽（バレル）に詰められた石油は、すぐに輸送の技術が確立された。初期の鉄道王（レイルロード・バロン）たちによって作られた鉄道網によって、フィラデルフィアやニューヨーク、ボストンに運ばれた。早くも1860年代には、石油の時代が出現したのだ。

これが同時に、ロックフェラー石油帝国の始まりである。

世界金融経済の覇権をめぐる争い

鯨油を蠟燭《ろうそく》にするために日本沖まで来ていた北米の鯨漁が、これで急激に消えていった。やがて1880年代には、石油と共に興り新興の米民族資本となったロックフェラー家の力が、金融都市ニューヨークにも及ぶようになった。

この時から、金（きん）の信用力と金本位制にこだわり、金と共に栄え、アメリカをも支配していた欧州ロスチャイルド財閥（大英帝国の財政を任された勢力）と、新しく勃興したロックフェラー財閥との、世界の金融経済および政治の覇権をめぐる争いが始まったのである。

COLUMN ロックフェラー家と三菱財閥

明治時代に日本でロックフェラー家の代理人となったのが、岩崎弥太郎である。三菱財閥の創業者である岩崎弥太郎は、南北戦争後のアメリカから山のように溜まっていた武器・弾薬・艦船を調達し、西南の役の鎮圧を目論む明治政府軍に納めた。1877年に西南の役が半年で終わると、それらの船舶は非常に安い金額で三菱財閥に払い下げられた。この時に、岩崎弥太郎は三菱財閥の大きな基盤を築いた。

後に日本郵船は、三菱財閥の旗艦会社（フラッグ・キャリア・カンパニー）のような存在なるが、もともと日本郵船は、三井=ロスチャイルド財閥のものであった。それを、三井の大立て者の渋沢栄一と、三菱の岩崎弥太郎が、"隅田川の決闘"で、屋形船の中で大喧嘩し岩崎が日本郵船を奪い取り、三菱のものにしたのである。

写真提供：Getty Images

散歩するジョン・D・ロックフェラー1世（左）と2世（右）

グランド・テトン国立公園にて、ジョン・D・ロックフェラー2世（左）と妻のアビー（右）。

五兄弟だ

6

ロックフェラー家

ロックフェラー家が握った世界覇権

1890年代には、すでに世界は石油の時代に入っていた。ロックフェラー家とロスチャイルド家は、まずカスピ海（バクー油田）で、そして中東、イスラム教圏の湾岸地域（ザ・ガルフ・リージョン）の石油開発でも競争するようになった。

1914年7月、ヨーロッパで第一次世界大戦が始まる。この大戦で、当時、世界に6つあった帝国（覇権国）のうち5つが、次々に崩壊していった。1.オーストリア＝ハンガリー二重帝国、2.ロシア帝国、3.オスマン・トルコ帝国、4.大清《しん》帝国（清朝）、そして5.大英帝国である。このあと、世界に唯一残ったのが、アメリカ帝国だった。

この策謀の主導者は、ロックフェラー1世である。1914年に、早くも世界覇権はロスチャイルド家からロックフェラー家に移っていった。

仕組まれていた1929年大恐慌

そのあとの1929年のNY株式市場大暴落（「世界恐慌」突入）で、世界覇権はイギリスからアメリカにはっきりと移った。これも偶然の出来事ではない。ロックフェラー1世たちが、深く仕組んで大暴落を実行したのだ。

当時、アメリカの繊維業や鉄鋼業、大農業経営権などは、イギリスの大資本家や貴族たちが株式の形で握っていた。そしてこれらの株式をわざと暴落させて、すかさずアメリカ人であるロックフェラー家やその仲間のニューヨークの金融財閥たちが安値で拾って買い集めた。

その結果、アメリカ国内の資本は、イギリスの支配すなわちロスチャイルド家の支配から脱出したのだ。

COLUMN ロックフェラー家はユダヤ系

"石油の時代"が出現して、米ロックフェラー家と欧州ロスチャイルド家の対立も始まった。ロスチャイルド家が、北方のアシュケナージ・ユダヤ人であるのに対し、ロックフェラー家はスファラディ・ユダヤ人（地中海系。アジア系に近い）である。

ロックフェラー家は、自分たちはユダヤ系ではなくて、スコットランド出身のメソジストの血筋の家系であると盛んにキャンペーンを張っている。そういう作り話を本物のアメリカの男たちは信じない。

ロックフェラー系はユダヤ系ではないことを「証明する」ためだけに書かれた学術書のふりをした分厚い本がアメリカで何冊か出版されている。「ロックフェラー家はユダヤ人でない」というウソの情報を日本国に撒き散らすために、特別に育てられた日本人学者が数人いる。

ローレンス・S・ロックフェラー（三男）

写真提供：Getty Images

これがロックフェラー

ネルソン・ロックフェラー（二男）
ジョン・D・ロックフェラー3世（長男）
ウィンスロップ・ロックフェラー（四男）
デイヴィッド・ロックフェラー（五男）

米ロックフェラー 石油帝国

米ロックフェラー石油帝国

20世紀を支配した

政策	■石油を支配することで世界の金融を実質支配した ■通貨の信用力を軽視 （本当はスファラディ系ユダヤ人）

ロックフェラー１世が19歳で石油の委託売買業を始めた。
1862年には石油事業に進出し、1870年スタンダード・オイルを設立。

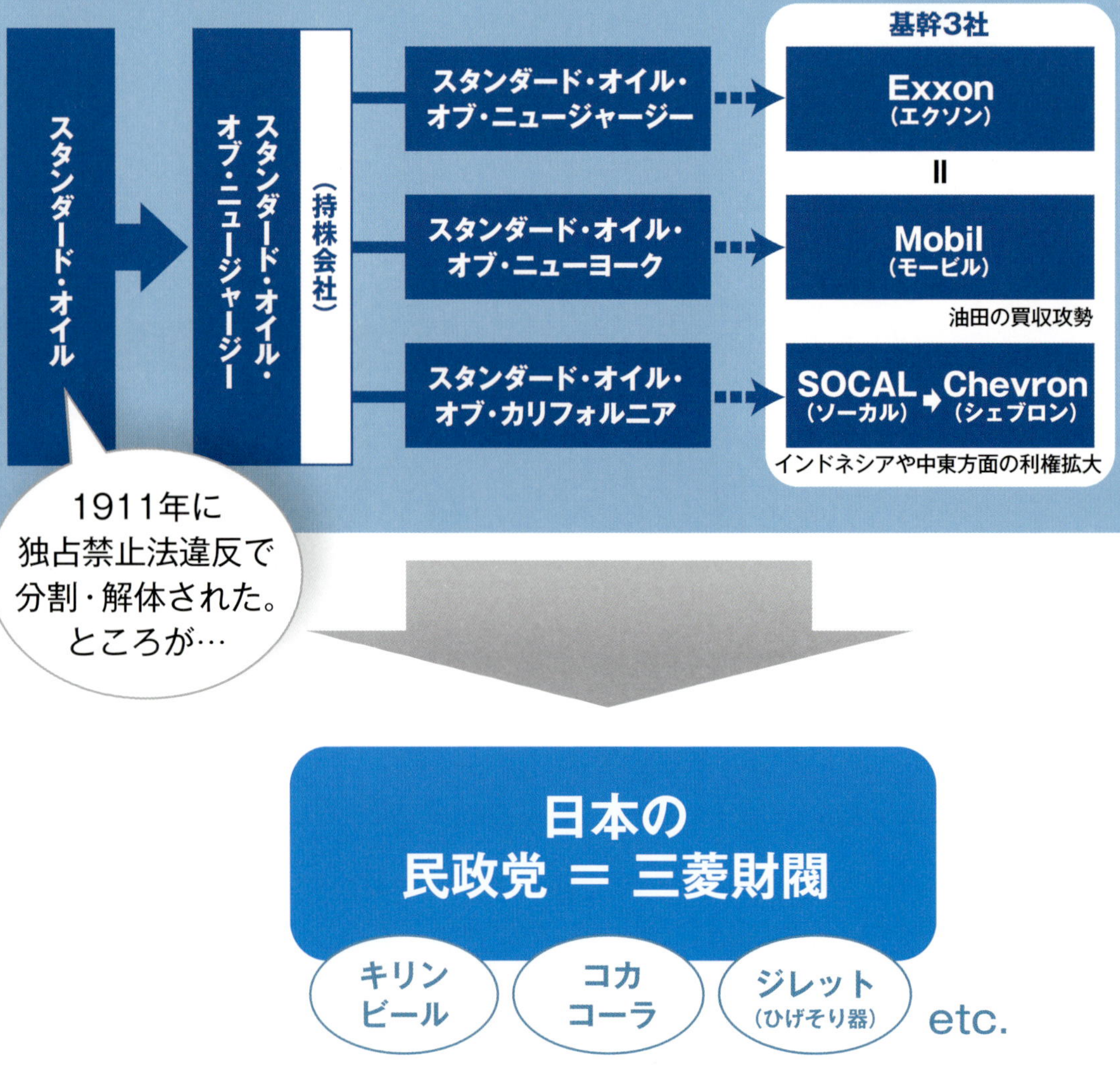

◇ 欧州ロスチャイルド金融財閥 対

欧州ロスチャイルド金融財閥

19世紀を支配した

政策	■金《きん》を支配することで世界の金融を実質管理（大英帝国の金庫番） ■通貨の信用力を重視

◉ユダヤ系（アシュケナージ）の国際金融資本。

◉ドイツのフランクフルトの両替商マイヤー・アムシェルが御用商人として第四次対仏大同盟戦争（1806年10月）時に土台を築く。

◉ロンドンで営業した三男ネイサン・マイヤーはナポレオン戦争時に英国の戦費を調達、国際金融業者としての名声を確立。

◉ジェイコブ・ロスチャイルド男爵が総帥。

VS

日本の
政友会 ＝ 三井財閥

政友会 ➡ 自由民主党

アサヒビール

ペプシコーラ

シック（ひげそり器）

etc.

写真提供：Getty Images

7

ネルソン・ロックフェラー

共和党まで乗っ取ったロックフェラー

ロックフェラー五兄弟の二男坊
ネルソン・ロックフェラー
大統領を狙ったが…

米民主党はもともと、移民や労働者階級の政党だ。しかし民主党の一番大きな資金源はロックフェラー家である。今もデイヴィッド・ロックフェラーら、N Y《ニューヨーク》の金融ビジネスに携わっている者たちの多くは民主党支持者だ。

一方の共和党は、本来はアメリカの地方小金持ち層《カントリー・クラブ》である商工業者の政党だ。共和党は、元来、アイソレーショニズム（Isolationism 外国の事に干渉しない。国内問題優先主義のこと。「孤立主義」とか訳するな。帝国が孤立するわけがない）の政党であった。

ところが、この共和党の中に、潜り込んでくるようになったのが、後に〝ネルソン・ロックフェラー・リパブリカン〟と呼ばれるようになった連中だ。

ネルソン・ロックフェラーは、ロックフェラー家では唯一、共和党員だった人物で、長くニューヨーク州知事を務めた。デイヴィッドの兄である。

写真提供：Getty Images

ジェラルド・フォード政権で副大統領

1974年にリチャード・ニクソン大統領が辞任し、副大統領だったジェラルド・フォードが大統領に昇格した。同時にネルソンが副大統領になった。1979年、ネルソンは愛人宅で腹上死した。死因は心臓発作といわれているが、本当は弟のデイヴィッドに殺された。

ネルソンの子分ヘンリー・キッシンジャー

ネルソンが若い頃から面倒を見て育てたのが、このヘンリー・キッシンジャーだ。ネルソンはキッシンジャーの頭脳を見込んで大学院生だった頃から育てた。

写真提供：Getty Images

キッシンジャー（写真右）の日本での子分たちが中曽根康弘（写真左）、渡邉恒雄（ナベツネ）、瀬島龍三、四元義隆らだ。

写真提供：毎日新聞社

思いのままに世界を動かす思想

このネルソンは、１９７４年にフォード政権の副大統領になった。このとき、共和党内の古くからの温厚な保守層が反対して騒ぎ出した。

この頃から、共和党の保守本流までも「グローバリスト」が乗っ取り始めたといえる。グローバリズム（地球支配主義）とは、ロックフェラー財閥に代表される、世界の金融、石油を握っている者たちが世界各国に干渉を続けて自分たちの思うように世界を動かす、という思想だ。「グローバルな」は、夢のような甘いコトバではない。勘違いしないこと。

PROFILE ネルソン・オルドリッチ・ロックフェラー

Nelson Aldrich Rockefeller 1908～1979年

1908 年	メイン州バー・ハーバーで生まれる。
1930 年	ダートマス大学を卒業。
1959 年	ニューヨーク州知事に就任（1973 年まで）。
1960 年	共和党の大統領候補指名争いで現職副大統領のリチャード・ニクソンに敗れる。
1964 年	共和党の大統領候補指名争いでバリー・ゴールドウォーターに敗れる。
1968 年	共和党の大統領候補指名争いで再びニクソンに敗れる。
1974 年	リチャード・ニクソン大統領が辞任、大統領に昇格したジェラルド・フォードに代わり、副大統領に指名される。
1977 年	フォード大統領の大統領選敗北で副大統領職から去る。
1979 年	愛人宅で急死。

8

“隠し子”だったクリントン元大統領

ウィンスロップ・ロックフェラー

ロックフェラー五兄弟の四男坊ウィンスロップ・ロックフェラー

写真提供：Getty Images

ビル・クリントンの“実父”

昔、北部のヤンキーたちが南部一帯に、カーペット生地の大きなバッグに商品を積んで売りに来た。こうした人たちは「カーペット・バガー」と呼ばれた。ウィンスロップ・ロックフェラーもこういう財界人だ。ブッシュ前大統領の祖父、プレスコット・ブッシュ(上院議員)もそうだ。

北部から流れてきた商人たちが、南部の現地の女たちをたぶらかして現地に居着いた。『マディソン郡の橋』の世界だ。そういう南部の歴史がある。

このウィンスロップの“隠し子”がビル・クリントン元大統領である。彼が高校生の時にジョン・F・ケネディ大統領と握手したことは有名だ。その脇に立っていたのが、ほかならぬアーカンソー州知事だった実父のウィンスロップである。

アメリカのメディアはその映像をよく流したが、どういうわけか横にいた実父の姿は削除されている。

名門ハリマン家がクリントンを援助

だからビル・クリントンが後年、アーカンソー州知事になり、その後大統領になったのも、ロックフェラー家と関係の深いハリマン財閥(大番頭ジョン・フォスター・ダレス。ヒトラーもこの男が見つけて来て育てた)の援助による。

公式には、クリントンの父親は交通事故で死亡し、母親が何人かの男と結婚したことになっている。クリントンは母親をかばって継父《けいふ》と喧嘩したという美談もある。その後、大秀才しかもらえないローズ奨学金でイギリス留学したり、イェール大学に入ったりしている。とても普通の貧しい家庭の子供が歩める道ではない。

PROFILE ウィンスロップ・ロックフェラー
Winthrop Rockefeller 1912～1973年

1912年	ニュージャージー州で生まれる。
1931年	イェール大学に入学。 しかし学位に関する不正行為で1934年に中退。
1941年	第二次世界大戦に従軍。
1948年	最初の結婚（1954年に離婚）。
1953年	アーカンソー州に移住。農場を経営しはじめる。
1955年	アーカンソー工業開発委員会(AIDC)の議長に就任。
1956年	二度目の結婚。
1964年	アーカンソー州の知事選に出馬するも敗退。
1967年	アーカンソー州知事に再度出馬し当選。第37代知事に就任。
1971年	アーカンソー州知事の職を辞する。
1973年	パーム・スプリングズ(カリフォルニア)で逝去。

ウィンスロップ・ロックフェラー（写真右）はロックフェラー家の“はぐれ者”だった。彼はアーカンソー州に来て、州知事になっている。ビル・クリントンは、この人物が高級売春婦のような女性に生ませた子供だ。 写真提供：Getty Images

実母ヴァージニア・ケリー（写真右）とビル・クリントン。ヴァージニア・ケリーは1994年1月6日、アーカンソー州で70年の生涯を終えた。 写真提供：Getty Images

クリントンの後見人 ビル・フルブライト上院議員

(ジェイムズ・ウィリアム・フルブライト James William Fulbright、1905～1995年)

ビル・フルブライトがクリントンの実父ウィンスロップから頼まれた後見人である。このフルブライト上院議員は、多くの日本人を、日米交流基金でアメリカに公費留学させた。 写真提供：Getty Images

9

ズビグニュー・ブレジンスキー

オバマを〝世界皇帝〟に推薦した男

写真提供：Getty Images

バラク・オバマを見いだしたのは、ズビグニュー・ブレジンスキーという男である。彼は世界戦略家（ワールド・ストラテジスト）で、世界皇帝デイヴィッド・ロックフェラーの直系の子分だ。

ジミー・カーター政権下で閣僚であった時を除いて、1989年までNYのコロンビア大学教授だった。そこで学んでいた学生のオバマを直接教えたわけではないが、20代の頃から目をかけていたらしい。

6年前、40歳代になったオバマを次期大統領として擁立することに決めて、デイヴィッド・ロックフェラーに進言して認めさせた。

ブレジンスキーが三極委員会を考えた

ピーナツ農園主だったジミー・カーターを大統領にしたのもブレジンスキーである。ブレジンスキーはカーター政権の安全保障＝軍事担当の大統領補佐官《プレジデンシャル・エイド》になった。カーター政権の実質的なお守り役だった。

アルカイーダを作った男

「アフガンをソビエトのベトナムにしてやる」

第一次アフガン戦争でムジャヒディーン（イスラム戦士）やアルカイーダが生まれた。1979年に第一次アフガン戦争を起こさせたのがブレジンスキーだ。ソビエト軍を、アフガニスタンに進出・侵略させるように計画的に仕組んだ。キッシンジャーと2人で中国を取り込んだ。そして、ソビエトから割った。“ユーロ・アジア（ユーラシア大陸）の地政学（ジオ・ポリティックス）”である。

写真提供：Getty Images

イスラエルのベギン首相とチェスをするブレジンスキー。1997年に発表されたブレジンスキーの著書のタイトルは“ The Grand Chessboard: American Primacy and its Geostrategic Imperatives. ”である（『ブレジンスキーの世界はこう動く――21世紀の地政戦略ゲーム』日本経済新聞社, 1998年）。 写真提供：Getty Images

ブレジンスキー（写真左）は“ネオコン”を嫌ったが、本当はネオコン派思想の元祖のひとり。カーター政権退陣後は、大学教授を務める傍ら、諸政権との密接な関わりを持つ。ブレジンスキーの右にいるのは、レーガン政権下で外交政策顧問を務めたジーン・カークパトリック女史（ネオコンの創立者のひとり）。 写真提供：Getty Images

ブレジンスキーは、今でもCFR《シー・エフ・アール》の最高幹部を務めている。TC《テー・シー》(トライラテラル・コミッション。「米欧日三極委員会」）という世界を支配・管理する超財界人会議（ビルダーバーグ会議のアジア版。現在もある）をつくったのもブレジンスキーである。

1971年にドル危機が起き、ニクソン・ショック（ドル・ショック）を引き起こした。この米欧日三極委員会は翌々年の1973年から始まった。ブレジンスキーは、デイヴィッド・ロックフェラーと共同議長を長く務めている。「G5《ジー・ファイブ》」（すぐにG7になる）、そしてサミット（主要国首脳会議）もこの三極委員会から生まれた。

PROFILE ズビグニュー・ブレジンスキー
Zbigniew Kazimierz Brzezinski 1928年～

1928年	ポーランドのワルシャワに生まれる。
1953年	ハーバード大学大学院で博士号を取得。ハーバードでは政治学者カール・フリードリッヒに師事。学位取得後はハーバードで教鞭を執る。
1960年	コロンビア大学に移り、同学の教授として1989年まで共産主義圏の政治・外交の研究を行なう。研究の一方、1960年の大統領選挙以降、歴代大統領選で民主党候補者陣営の外交問題顧問に加わる。
1973年	米欧日三極委員会の創設に携わる。
1976年	大統領選でジミー・カーターの外交政策アドバイザー。カーター政権で国家安全保障問題担当大統領補佐官に就任。
2008年	大統領選でバラク・オバマ陣営の外交問題顧問を務める。

写真提供：Getty Images

10 次の大統領ヒラリー・クリントンと男

ビル・クリントン
ジョゼフ・リーバーマン

ヒラリーが国務長官になったことに私たちは驚かなければいけない。なぜ、この女が政権に入ったのか。あれほどバラク・オバマと激しい〝ドロ仕合〟をやって大統領選を戦ったのに。

それが、２００８年12月１日にコロリと国務長官になって入閣した。まずこのことをおかしいと思わなければ政治評論など口にすべきでない。いくら偉そうにアメリカ政治のことを書いてみても、こういう素朴で大きな疑問を抱かないのなら、世界政治や外交というもののプロを自称すべきでない。

ヒラリーと愛人関係にあるのがジョゼフ・リーバーマンというコネチカット州選出上院議員である。このリーバーマンが副大統領候補になってもおかしくないともいわれている。ビル・クリントンが大統領在任中にモニカ・ルインスキー・スキャンダルを起こしたとき、クリントンを激しく批難したのがリーバーマンであった。

愛人

ビルも、ヒラリーとジョゼフ・リーバーマン（写真左）の関係をよく知っている。しかし、皆、大人なのだ。人間のやってることは皆同じだ。リーバーマンといるときのヒラリーは幸せそうだ。

写真提供（上右２点）：PANA通信社

それでも同志愛はある

写真提供：Getty Images

PROFILE

ウィリアム・ジェファーソン“ビル”クリントン
William Jefferson "Bill" Clinton 1946年～

1977年　アーカンソー州司法長官に選出。
1978年　アーカンソー州知事選に初当選。
1993年　アメリカ合衆国大統領に就任。
1997年　二期目の合衆国大統領に就任。

ジョゼフ・イサドア "ジョー" リーバーマン
Joseph Isadore "Joe" Lieberman 1942年～

1967年　イェール・ロー・スクールで弁護士資格を得る。
1970年　コネティカット州の上院選に出馬し当選。
1988年　合衆国上院選に当選。以来、上院議員に４期連続当選。
2004年　大統領選出馬を決意するが予備選敗退で撤退を表明。

ヒラリーの愛人はイスラエル支持者

リーバーマンは父親がポーランド系ユダヤ人、母親はオーストリア系ユダヤ人で、ゴリゴリのイスラエル支持者でもある。イランの核武装阻止のためのイラン限定空爆論に強い支持を表明し続けている。それで民主党から追い出されている。

２００８年アメリカ合衆国大統領選挙では、民主党議員だったにもかかわらず、共和党のジョン・マケイン支持を明言して、ニューハンプシャー州をはじめ、ミシガン州やフロリダ州のマケインの遊説にも同行し、マケイン支持を訴えた。

11

ミシェル・オバマ

ミシェル・オバマは立派な奥さま

オバマの奥さまのミシェルは、非常に立派な女性で、「ヒラリーを絶対に政権に入れたらダメよ」としつこく頑張った。

ミシェルは、オバマと同様に弁護士で、弁護士事務所で知り合って結婚した。ミシェルは、旧姓をロビンソンという。

ミシェルの父親のフレーザー・ロビンソンはシカゴの水道局に勤めていた熱心な組合活動家で、民主党の選挙区支部長（democratic precinct captain）をやっていた。大都市シカゴの民主党の長老（elder man）というべき存在で、〝シカゴ・マシーン〟リチャード・デイリー（シカゴ市長）と盟友だった。

ミシェルは、父親の影響を強く受けている。

皇帝に逆《さから》いはじめたオバマ大統領夫妻

黒人には黒人の激しい意地がある。ブレジンスキーがオバマを皇帝デイヴィッドに推薦し、「アメリカ

大統領職から引きずり降ろされるまで2人で闘う

2008年1月8日、ニューハンプシャー州ナシュアで開かれた集会でスピーチをするバラク・オバマとミシェル夫人。
写真提供：Getty Images

「ヒラリーを政権に入れたらダメよ」

ミシェルは皇帝デイヴィッドの息のかかったヒラリーの政権入りに抵抗した。結局、ヒラリーは政権入りしたが、オバマを"操られ大統領"にするプランは序々に崩れはじめた。
写真提供：Getty Images

に黒人の大統領が誕生してそろそろいい頃だ」と説得し、プラン（plot しかけ）ができた。

ところが、当選直後からオバマとミシェルが皇帝デイヴィッドの言うことをすんなり聞かなくなった。予定どおり自分たち超金融財界人《スーパークラス》の言うことをよく聞くロボットの操られ大統領にするつもりだったのに……。今、オバマ夫妻は身近の親友たちと団結して、ホワイトハウス内で自分たちを防衛している。

彼ら立派な米民主党員たちが、日本の鳩山・小沢政権を守り、応援している。

PROFILE ミシェル・ラボーン・オバマ
Michelle LaVaughn Obama, 1964年～

1964年	イリノイ州シカゴに生まれる。父親は市の水道局職員。
1985年	プリンストン大学を卒業。
1988年	ハーバード大学ロースクールを卒業。 弁護士として法律事務所に勤務（1991年まで）。
1991年	シカゴ市政府要職を歴任（1996年まで）。1993年にはシカゴ市のボランティア・プログラムを設立。
1992年	バラク・オバマと結婚。
1996年	シカゴ大学勤務（学部長補佐、大学病院幹部等）
2005年	シカゴ大学病院副院長に就任。 渉外・コミュニティー担当。
2007年	バラク・オバマの大統領選出馬に伴い、休職。
2009年	黒人初の大統領夫人になる。

12

コンドリーザ・ライス

ブッシュの愛人兼、教育係《ナニー》だったライス

写真提供：Getty Images

ライスはブッシュのお守り番
自伝執筆中（イスラエルとイランの核戦争をなだめた業績）

コリン・パウエルの後任の国務長官だったコンドリーザ・ライスは、スタンフォード大学の教授に戻っている。石油企業の重役もやってきた才女で、ブッシュ大統領の秘書兼教育係の形で政権入りした。ブッシュのナニー（保母さん、養育係・教育係）である。ライスは、イスラエルとイランの双方を叱《しか》って戦争をさせない努力をした。この業績があるので自伝を執筆中である。

2人は本当は愛人関係である。これは海外のちょっと品の悪いメディアでは普通に書かれていたことである。ヨーロッパ人たちは、ブッシュとライスを「特別に親密な2人」と呼んでいた。ライスは、記者会見の席でブッシュのことを、「マイ・ハズバンド、オウ、ノー（いや）マイ・プレジデント……」とうっかり発言した。

ライスはブッシュのなぐさめ役

ブッシュは毎日のようにチェイ

写真提供：PANA通信社（上） Getty Images（下）

「ジョージ、またディックに叱られたの？いいのよ」

「いい、ジョージ。我慢しなさい」

世界第２位の石油メジャーのシェブロン（テキサコ・ソーカル）系であるブレント・スコウクロフトとシュルツ元国務長官が、シェブロンの社外重役を務めていたコンドリーザ・ライスを連れてきた。父ブッシュ元大統領やジェームズ・ベーカー元財務・国務長官が率いるカーライル・グループ（テキサス州ヒューストンが本拠）は、デイヴィッド・ロックフェラーが所有するエクソン・モービルやハリバートン、シティ・グループ系列（ニューヨークが本拠）とは異なる独立勢力である。

ニー副大統領から叱られていた。それで週末になるとテキサス州の別荘に逃げ帰った。大統領の公務などやりたくない、といつも泣きっ面のようなあの顔に描いてあった。

ナニーのライスが、ブッシュを一生懸命なぐさめながら仕事をやる気にさせていたのだ。ライスが、「いい、ジョージ。我慢しなさい」とか、チェイニーに対しては、「ディック、ちょっと、これ以上叱らないで」とか言っていた。

実際の会話にはもう少し専門的なコトバも交じっていただろうが、単純に言えば、そういうことである。人間は皆やっていることは同じだ。

PROFILE コンドリーザ・ライス
Condoleezza Rice 1954年～

1954年	アラバマ州バーミンガム市に生まれる。
1974年	デンバー大学政治学部を優等で卒業。
1981年	デンバー大学国際研究大学院から博士号を取得。スタンフォード大学政治学助教授に就任。
1989年	ジョージ・H・W・ブッシュ政権に参画（1991年まで）。国家安全保障担当補佐官ブレント・スコウクロフトの下で国家安全保障会議東欧ソ連部長を務める。
1991年	スタンフォード大学に戻る。
1993年	スタンフォード大学教授に昇進。事務局長になる。
2001年	国家安全保障問題担当大統領補佐官に就任。
2005年	第66代米国務長官に就任。
2009年	閣僚退任後、スタンフォード大学のフーバー研究所に戻る。

写真提供：Getty Images

13

ジョージ・W・ブッシュ

米財界人2世ボンクラたちの星だった

“戦争経済《ウォー・エコノミー》”のための大統領

ジョージ・W・ブッシュは2000年の八百長選挙で大統領に選ばれた。

あの時のアメリカは、支配者層がどうしても戦争をしたかったのである。

戦争〝刺激〟経済（war economy《ウォー エコノミー》）とは「戦争で経済を刺激して景気を上に押し上げよう」という理屈だ。たとえ大犯罪であっても、「9・11事件」を計画的に起こしてアメリカ国民を怒らせ、戦争に持ち込むことを初めから決めていた。それで大統領は、あのボンクラのジョージ・ブッシュになったのである。

ブッシュは、毎朝のように、チェイニー副大統領から、「今日は、これとこれをやれ」と叱《しか》られていた。ブッシュのような良家のボンボンで能力のない男は、感情的になって人をどなる能力もない。責任も取れないから、相手と対立関係に入るということもしない。

そのことをアメリカの財界人たちはよく知っている。

支配階級が愛したブッシュの正直さ

ブッシュはアメリカの支配層に非常に受けがよかった。

それは彼が、財界人たち相手の演説で「私たち大企業の家に生まれた者は、頭が悪いのが当たり前で、それでも何とかこうやって重たい責任を果たしている。みんなそうでしょう」とそれとなく目くばせをして同情を引いたからである。

ブッシュのあの善良そうな愛想笑いが、アメリカの支配層に受けた。だから「あいつは俺たちの仲間で正直でいいヤツだ」と愛したのである。

PROFILE ジョージ・ウォーカー・ブッシュ
George Walker Bush 1946年～

1946年	コネティカット州ニューヘブンに生まれる。
1968年	イェール大学を卒業。その後、1973年まで軍務に就く。
1975年	ハーバード大ビジネス・スクールの経営学修士号を取得。石油会社に就職する。
1978年	テキサス州の下院議員選挙に出馬するが落選。
1984年	石油会社スペクトラム7の経営者になる。
1986年	スペクトラム7の財務が悪化し買収される。
1989年	野球チームテキサス・レンジャーズのオーナーになる。
1994年	テキサス州知事に選出。
2001年	第43代の大統領に就任。
2003年	イラク戦争を開始。
2005年	2期目の大統領に就任（2009年に任期満了で退任）。

写真提供：Getty Images

ブッシュは、国民からは嫌われたが、支配階級や企業経営者からは非常に愛された。ブッシュは麻生太郎前首相とそっくりだ。むずかしい字が読めない難読症（dyslexia ディスレクシア）だ。

奥さんのローラは小学校の先生あがりの良妻賢母で、非常に頭のいい女性だ。ブッシュをよく守った。でもライスのことでは怒っていた。

写真提供（上2点）：Getty Images

写真提供：Getty Images

14

ティモシー・ガイトナー

日本金融占領の実行部隊長だった若造

ティモシー・ガイトナー財務長官は、〝デビル〟と呼ばれている。顔（とくに耳）がデビルにそっくりだからである。財務長官《トレジャリー・セクレタリー》になる前は、NY連邦銀行《フェデラル・バンク》の総裁（頭取、会長）であった。

〝デビル〟ガイトナーは、2001年まで、米財務次官補（当時37歳）をしていて、日本の金融占領（叩き潰し）の、裏の最高責任者だった。日本にもよく来て、自民党の政治家（大臣）や日本財務省のトップ官僚たちを脅《おど》して回っていた。デイヴィッド・ロックフェラーが直接育てた、孫のような男だ。

皇帝の直臣が〝若造〟の後見人

ガイトナーの父親（ピーター・ガイトナー）は、ロックフェラー家の支配してきたアジア関連の財団で要職を務めていた。そのコネクションがあり、ガイトナーは財務省やIMFなどを渡り歩いてきた。

今は中国の資金をアメリカに貢《みつ》がせる係

2009年6月1日、訪中し、北京の人民大会堂で王岐山《おうきざん》副首相に出迎えられるガイトナー。ガイトナーは王岐山とつるんで中国の資金を今もアメリカに貢《みつ》がせる。いつまで持つか。

写真提供：Getty Images

大物議員からは“青二才”扱いをされているガイトナーの背後には、後見人のポール・ボルカー（写真右）がピタリと張り付き、院政を敷いている。

写真提供：Getty Images

2009年2月13日、先進7ヵ国財務相・中央銀行総裁会議に先立ち、当時日本の財務大臣であった故・中川昭一（写真右）氏と会談するガイトナー。

ガイトナーには純粋な民間銀行家の経験はなく、キッシンジャー・アソシエーツに勤務した経験がある。48歳だから、議会の大物議員からは〝青二才〟扱いをされている。

だからガイトナーの後見人としてデイヴィッドの直臣《じきしん》ポール・ボルカー元FRB議長（83歳）が、経済回復諮問委員会委員長という根拠のハッキリしない役職で後ろに付いている。今は、この若造のガイトナー財務長官とバーナンキFRB議長に財政・金融政策を実行させていく態勢（体制）になっている。

今のガイトナーは、中国に米国債を買い続けさせる係でもある。

PROFILE ティモシー・フランツ・ガイトナー

Timothy Franz Geithner 1961年～

1961年	ニューヨークに生まれる。
1983年	ダートマス大学でアジア研究学の学士号を取得。
1985年	コンサルタント会社キッシンジャー・アソシエイツに就職。
1988年	連邦財務省に入省。国際担当財務次官特別補佐官に就任。
1995年	国際通貨金融政策担当の財務副次官補に就任。
1996年	国際担当の財務上級副次官補に就任。
1997年	国際担当財務次官補に就任。
1999年	国際担当財務次官に昇任。ロバート・ルービン長官およびローレンス（ラリー）・サマーズ長官の下で働く。
2001年	IMF（国際通貨基金）政策企画審査局で局長に就任。
2003年	ニューヨーク連邦準備銀行総裁に就任。
2009年	第75代アメリカ合衆国財務長官に就任。

写真提供：Getty Images

オバマ大統領の監視役
ポール・ボルカー(83歳)

15

ポール・ボルカー

老骨に鞭打って出てきた皇帝の直臣

ポール・ボルカー（83歳）は、皇帝デイヴィッド・ロックフェラーの直接の部下であり、直臣《じきしん》とでもいうべき人物だ。今まで、いろいろ悪いことをやってきた。ロックフェラーからの直接の指令は彼が受けて、他の者たちに下げ渡す。

オバマ政権の金融政策は、本当はボルカーが老骨に鞭打ってやっている。ティモシー・ガイトナーもボルカーの子分である。ベン・バーナンキも、ボルカーに叱られながら、ドル紙幣を撒《ま》き散らしている。

日本管理対策班のピラミッドの頂点

ボルカーが、日本管理・指導の最高責任者でもある。リチャード・アーミテージだろうが、マイケル・グリーンだろうが、アメリカの公職にあった日本研究人材は、みんなポール・ボルカーの下で、日本操り対策班（Japan Handlers《ジャパン・ハンドラーズ》）なのだ。

竹中平蔵も、親分の〝ドル安論者〟のフレッド・バーグステンーIIE《アイ・アイ・イー》

いつもオバマの背後霊として立つ

元ＦＲＢ議長で皇帝デイヴィッドの直臣である。いつもオバマの後ろに、背後霊のように貼り付いて立っている。身長は２メートル近くある。“デビル”ガイトナー財務長官の後見人でもある。

写真提供（上３点）：Getty Images

PROFILE ポール・ボルカー

Paul Volcker 1927年〜

1927年	ニュージャージー州に生まれる。
1952年	ニューヨーク連邦準備銀行入行。
1957年	チェース・マンハッタン銀行に出向、同行副社長を務める。
1969年	米財務省通貨担当事務次官を務める。
1971年	ジョン・コナリー長官下の主席財務次官として、ブレトンウッズ協定による固定為替相場制の廃止に貢献。
1975年	ニューヨーク連銀総裁を務める。
1979年	FRB（連邦準備制度理事会）議長に就任。「ボルカー・ショック」と呼ばれる金融引き締め政策を断行。
1987年	FRB議長職を後任のアラン・グリーンスパンに引き継ぐ。
1998年	新生銀行のシニア・アドバイザーに就任。
2009年	オバマ政権で大統領経済回復諮問委員会委員長に就任。

所長の他に、ロバート・フェルドマンを介して、直接ボルカーに従っている。

新生銀行＝旧長銀の管理を任されている八城政基《やしろまさもと》社長（前職はエッソ・エクソン・スタンダード石油やシティバンク在日代表）や、クリストファー・フラワーズ（Ｊ・Ｃ・フラワーズ社会長）、相棒のティモシー・コリンズ（リップルウッド・ホールディングス社ＣＥＯ。彼らは、上場した直後の、新生銀行の自分の持ち株を売って、ひとり10億ドル＝１０００億円ずつ儲けた、と報じられた）らもすべて、このポール・ボルカーの子分だ。日本の自民党の大物政治家たちも、このボルカーの前に出たら、ぶるぶる震える。

16

ラーム・エマニュエル

“ネオコン”よりも恐ろしいユダヤ人

この男がオバマを守る
ラーム・エマニュエル
大統領首席補佐官《チーフ・オブ・スタッフ》

写真提供：Getty Images

ラーム・エマニュエルは、イスラエルでは最下層の出身である。「スワイン・キブツ（豚キブツ）」と呼ばれる、イスラエル・ユダヤ人たちの中でも、不可触賤民《ふかしょくせんみん》（アンタッチャブル）の出である。

彼の父親は、イスラエル建国時の、一番荒っぽいテロ組織であった「イルグーン団」に所属していた。イルグーン団は、建国者のダビド・ベングリオン初代首相が組織した。イスラエルを1948年に建国した最精鋭の集団である。

だからラーム・エマニュエルが所属する集団は、最も強硬なイスラエル・ロビーである。妙なことに、彼がオバマ大統領を最も強く守っている。

エマニュエルを任命したのは一体誰か？

エマニュエルは2006年の中間選挙から頭角を現した。

クリントン政権で大統領スタッフをやり、シカゴから下院議員となった。エマニュエルは、ヒラリー・ク

写真提供：Getty Images

ヒラリーも避けるユダヤ人（イスラエルとの二重国籍）

ホワイトハウスの大統領の執務室は、大統領首席補佐官の部屋の隣にあるので、この男の前を通らないと大統領には会えない。ヒラリーも避けて通るといわれる。エマニュエルはシカゴの軍需産業をバックとし、オバマの盾となっている。

写真提供：Getty Images

エマニュエルの右手の中指がないのは、湾岸戦争の時にイスラエル軍に参加し、爆撃で吹き飛ばされたからだと噂されていた。しかし、本当は高校生時代のケガ（ファストフード・レストランのアルバイトで指を切った）が原因である。

写真提供：PANA通信社

少年時代からバレー・ダンスに熱中し、ニューヨークの名門バレー学校ジョフリー・バレー・スクールの奨学金が貰えるほどのレベルまで上達したといわれる。

リントン国務長官とも対等に交渉できる立場にある。

首席補佐官《チーフ・オブ・スタッフ》は、ホワイトハウス内の大統領執務室の隣にオフィスを構えているので、他の閣僚たちとは格が違う。大統領に会うには、彼の目の前を通らなければならない。エマニュエルはオバマが大統領選挙に当選した翌日に即座に、首席補佐官に任命されている。

いったい誰が、ラーム・エマニュエルを大統領首席補佐官に任命したのか。恐らくシカゴの軍需産業界であろう。

どういう力がアメリカ帝国の政治にかかっているのか、今のところ、私にも、これ以上はわからない。

PROFILE ラーム・エマニュエル

Rahm Emanuel 1959年～

1959年	イリノイ州シカゴで生まれる。
1981年	ニューヨーク州のサラ・ローレンス大学を卒業。
1985年	イリノイ州のノースウェスタン大学大学院に入学。学部在学中に地元連邦下院議員の選挙ボランティアに参加。
1991年	湾岸戦争でイスラエル国防軍に民間ボランティア参加。イスラエル北部の基地でトラックのブレーキ修理をする。
1993年	クリントン政権で政策に関する上級補佐官に就任。攻撃的な性格ゆえに「ランボー」とのあだ名がついた。
1998年	ホワイトハウスを去り、投資銀行に勤務。
2002年	イリノイ州選出の連邦下院議員に就任。
2006年	米民主党の選挙対策委員長に就任。
2009年	オバマ政権下で大統領首席補佐官に就任。

17

“エコロジー”を牛耳る主要閣僚

キャロル・ブラウナー

スティーブン・チュー

写真提供(下2点):Getty Images

オバマ政権は、マネタリスト(ミルトン・フリードマンの政策思想。金融政策《マネタリー・ポリシー》一本槍)や新古典派(ポール・サミュエルソンの経済学)やネオコン主義(弱肉強食肯定のユダヤ思想)を捨てて、ケインズ主義的な財政出動政策を推進すると決めた。競争に負ける弱者たちを救済して、政府の介入で景気を押し上げようとしている。

オバマ政権がケインズ主義的な財政政策《フィスカル・ポリシー》(大規模公共事業)を推進するにあたり、重要な存在なのがキャロル・ブラウナー大統領補佐官(気候変動・エネルギー担当)である。現政権で〝エコ・ツァーリ〟(エコロジーの女帝)と呼ばれていて、スティーブン・チュー・エネルギー省長官と2人で環境政策を推進する。

オバマ環境政策の主眼とは?

これがオバマの景気浮揚策の主眼である。公共事業である「新技術開発投資」として新しい環境技術に全

グリーン・ニューディール計画を推進する2人（“スマート・グリッド”、電気自動車、太陽光発電）

写真提供：Getty Images

2007年11月1日、ワシントンで行なわれた原油供給危機に関するシンポジウムで発言するキャロル・ブラウナー（中央）。写真右は“麻薬の帝王”リチャード・アーミテージ。

2009年2月23日、ワシントンで行なわれたエネルギーサミットで「クリーン・エネルギー」について話すスティーブン・チュー（写真右）。写真左はアル・ゴア元副大統領。

写真提供：Getty Images

力を投入する気である。ブラウナーとチューの2人が、光ファイバーによるグリッド（送電線網）の敷設や電気自動車《エレクトリック・ヴィーグル》（EV《イー・ヴィ》）、太陽光発電《ソーラー・システム》の普及といったグリーン・ニューディール政策《プラン》を推進するにあたり、中心的な役割を果たしている。

ブラウナー女史がクリントン政権時にマデレーン・オルブライト国務長官の下でEPA《イー・ピー・エー》（環境保護局）長官だった際に、サマーズ財務長官（当時）が「環境保護政策の重要性を主張すると経済成長を抑制する」とじゃましていた。今のところサマーズとブラウナーの関係は良好だとわざわざ評されているあたり、かえって〝嫌み〟に聞こえなくもない。

PROFILE

キャロル・ブラウナー
Carol Browner 1957年～

- 1977年　フロリダ大学で学士号を取得。
- 1988年　アル・ゴア上院議員のアドバイザーを務める（1991年まで）。
- 1993年　クリントン政権で連邦環境保護局長を務める（2001年まで）。
- 2009年　エネルギー・気候変動担当大統領補佐官に就任。

スティーブン・チュー
Steven Chu 1948年～

- 1976年　カリフォルニア大学バークレー校で博士号を取得。
- 1987年　スタンフォード大学物理学部の教授に就任。
- 1997年　レーザー冷却の研究でノーベル物理学賞受賞。
- 2009年　オバマ政権でエネルギー長官に就任。

第2章

権の崩壊

写真提供：Getty Images

ドル崩壊に直面する
金融・財界人

ドル覇

2007年のサブプライム危機から、2008年のリーマン・ショックへ——。

アメリカ発金融危機で、ドル基軸体制は崩壊へ向かっていく。

ドル亡き後の世界に何が訪れるのか？

金融経済をリードしてきた政・財・学界人たちの行く末は？

写真提供：Getty Images

写真提供：Getty Images

写真提供：Getty Images

ウォー・ジェネラル “実戦用狂気の将軍” ベン・バーナンキ

18

ベンジャミン・バーナンキ

高橋是清を研究したFRB議長

ベン・バーナンキは「戦争将軍」だ

ベンジャミン・バーナンキFRB《エフ・アール・ビー》（連邦準備制度理事会）議長は、「日本の昭和恐慌と高橋是清《これきよ》の経済政策」の研究家である。彼にはその論文がある。これから、いよいよアメリカだけでなく世界が大不況に突入し、世界恐慌にまで至ろうとする事態に備えて、計画的に育成されて投入された人材が、まさしくベン・バーナンキである。

　これから数年続いて、ドル暴落・米国債暴落が起きる。アメリカ政府（財務省）とFRBは、お札と国債を刷り散らしてばら撒き続ける。他に策はない。日本でも昭和2年（1927）の「金融恐慌」の時に、これを実際にやっている。

　極端なデフレ（不況）を阻止するためには、米ドル札を刷り散らし、米国債を引き受け続けるということをやるしかない。そのためにベン・バーナンキがさらに続投する。

花道を飾ったグリーンスパンの後任FRB議長

バーナンキは2006年2月にアラン・グリーンスパン（写真左）に代わって第14代FRB議長となった。2009年8月に再任が発表された。2010年2月からさらに4年間務めることになった。崩れゆくアメリカ経済を無理やり支えるのは、きつい仕事である。

写真提供：Getty Images

“ヘリコプター・ベン”

日本では大正バブル経済（第一次大戦景気）の後に金融恐慌、続いて「昭和恐慌」（昭和5年、1930年）が起きた。この時、蔵相の高橋是清は緊急の対策で「お札刷り散らかし」をしてデフレを退治した。無理やり人工的、人為的にインフレにすることで事態を乗り切ったのだ。同じことを“ヘリコプター・ベン”がするのである。

バーナンキFRB議長は、2008年3月初めにも、「（日本の）日銀は、ケチャップでも買え」と、吐き捨てた。日銀が、バーナンキの命令を聞かずに、日本国債（中古品、既発債）を市場（市中、銀行群）から買い取らず、ジャブジャブの資金を供給しないものだから、怒ったのだ。

写真提供：Getty Images

PROFILE ベンジャミン・シャローム "ベン"バーナンキ

Benjamin Shalom "Ben" Bernanke 1953年～

1953年	ジョージア州オーガスタで生まれる。
1975年	ハーバード大学経済学部を卒業 。
1979年	マサチューセッツ工科大学にて経済学博士号を取得。
1979年	スタンフォード大学経営大学院で教鞭をとる一方。ニューヨーク大学で客員教授職。
1985年	プリンストン大学経済学部教授に就任。
1996年	学部長に就任（2002年まで務める）。
2002年	ブッシュ政権下でFRBの理事に指名。
2005年	大統領経済諮問委員会（CEA）委員長に就任。
2006年	FRB議長に就任 。
2009年	FRB議長再任が決定。

“ヘリコプター・ベン”の異名を取るベン・バーナンキは、「いざという時には、どれだけでも無際限にドルと米国債を金融市場に供給する」ことのために、8年前から登用された特殊な人材である。まさしく、「ウォー・ジェネラル」（war general）なのであり、本当の実戦用の、非情で狂気の司令官として密かに育成された人物なのだ。

平和で平時の時にしか通用しないボンクラ人材とは根本から異なるのである。ベン・バーナンキがアメリカで、強制的な統制経済の強硬な金融政策（個々の法律違反。あるいは憲法違反の恐れがある）を、これから実施していくのである。

19

アラン・グリーンスパン

石で追われたわけではない巨匠《マエストロ》

写真提供：Getty Images

1998年からの10年間に、アラン・グリーンスパン前FRB議長がとった「積極的に金融緩和策を推し進め、不健全な金融バクチ業を増長させて、奇怪な悪魔証券（デリバティブズ）が乱舞するのを容認して株価や住宅市況を大きく押し上げていった金融政策運営」の手法に対して、私は判定できなかった。

だが、今ではグリーンスパンは偉人であったと評価している。グリーンスパンは、結果としてはまさしく、米ロックフェラー帝国に対する〝墓掘人〟の役割を担ったのだ。

グリーンスパンの後をベン・バーナンキが継いだ。グリーンスパンは決して「石で追われた」わけではない。「グリーンスパンのせいで、今の大混乱（金融危機）が起きた」と、彼のことを今頃になって悪く言うアメリカの財界人や金融業界の人間たちがいる。しかし彼らは自分自身が強欲《グリード》と拝金《マモン》の神に取り憑《つ》かれて、その挙げ句に大損をして財産を吹き飛ばした人々だ。自業自得である。

アラン・グリーンスパンは“偉大なる”確信犯である

グリーンスパンは、孤高の女流大思想家アイン・ランドというリバータリアン思想の創作者のひとりから思想的影響を強く受けた。リバータリアン思想の隠された本心は、「ロックフェラー財閥に対する真の批判者であること」である。写真は1974年9月4日、米大統領執務室にて。左からローズ・ゴールドスミス（グリーンスパンの母親）、ジェラルド・フォード大統領、アラン・グリーンスパン、アイン・ランド女史、フランク・オコナー（ランドの夫）。 写真提供：Getty Images

“アメリカ思想界の闘将”アイン・ランド女史はリバータリアニズムの創業者で彼は忠実な弟子

彼はFRB議長を退任してからも、公の場にたびたび顔を出して堂々と講演し、複雑な表情で笑っている。金融恐慌突入の責任者のように言われるが彼は少しも悪びれない。「私は早くから警告していた」と弁明した。 写真提供：Getty Images

アメリカ金融覇権を崩壊させる意図

だからグリーンスパンの引退後の、この3年間の悠然とした姿や発言を遠くから知るにつけ、彼は最初からアメリカの金融覇権を崩壊させることを意図していたのだ、と私は気づいた。

裡《うち》に秘めた長期の企《くわだ》て（たくらみ、プロット）を抱いてロックフェラー家に雇われ、中央銀行の理事長に抜擢され、いつも苦しそうな顔をして金融政策の采配を振るった、と私は大きく理解できた。世の中にはこれほどの深慮遠謀というものがあるのだ。

PROFILE アラン・グリーンスパン
Alan Greenspan 1926年〜

1926年	ニューヨークでユダヤ系の家庭に生まれる。
1950年	ニューヨーク大学の経済学修士号を取得。
1974年	ジェラルド・フォード政権下で大統領経済諮問委員会（CEA）議長（1977年まで）。
1987年	レーガン大統領からFRB（連邦準備制度理事会）理事及び議長を任命。
1991年	ブッシュ(父)大統領から２期目のFRB議長を任命。
1996年	クリントン大統領から３期目のFRB議長を任命。
2000年	クリントン大統領から４期目のFRB議長を任命。
2004年	ブッシュ大統領から５期目のFRB議長を任命。
2006年	FRB議長を退任、イギリスのブラウン財務相の名誉顧問に就任。

写真提供：Getty Images

20

ロバート・ルービン

ついに金融恐慌の責任を認めたルービン

クリントン政権下の財務長官
ロバート・ルービン（72歳）

かつてはドル高政策を推し進めた最高頭脳の財務長官だった

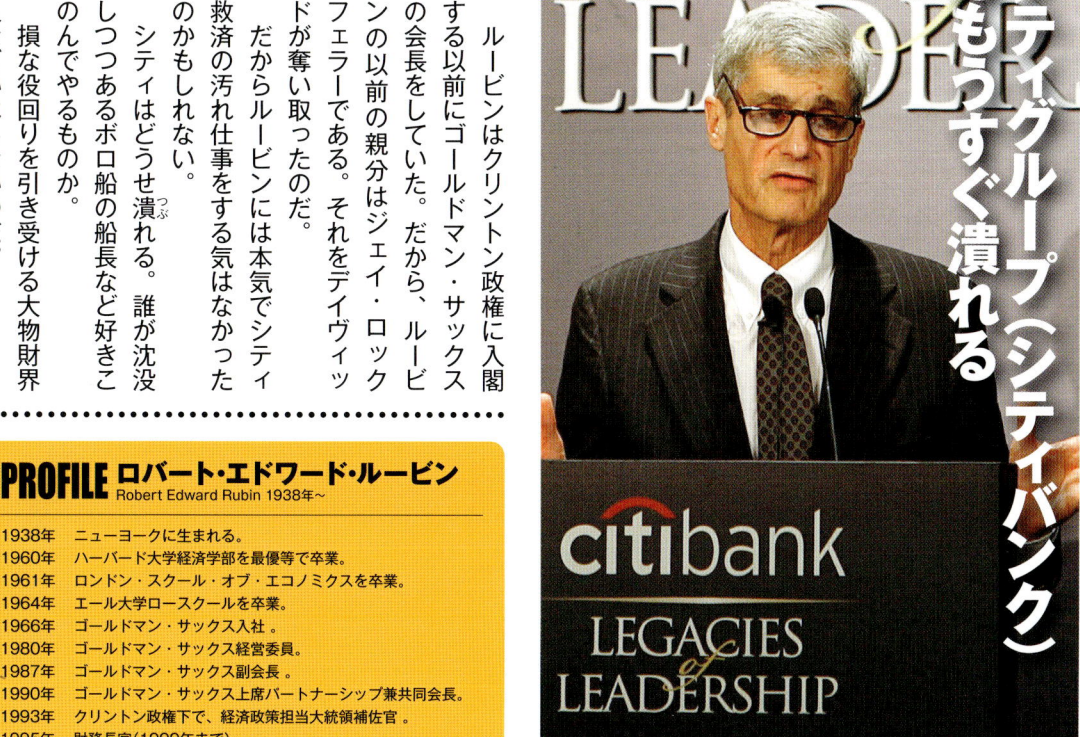

今さらルービンが「難解な金融工学商品が自分にはわからなかった」と白状しても、もう言い訳にさえならない。写真は1999年に米財務長官職をラリー・サマーズ（左）に引き継ぐロバート・ルービン（右）。

写真提供：Getty Images

アメリカのバブルは、90年代のビル・クリントン政権下で「強いドル」を標榜《ひょうぼう》してドル高政策をとり、NYの株高政策を推進した時から始まった。この時のクリントン政権下で財務長官だったのが、ロバート・ルービンである。

1992年から、〝ゴジラ〟クリントン・チームの日本上陸、と日本の金融叩きのめし計画が始まった。この時に前面に出てきたのがルービンであった。それとラリー・サマーズである。

ルービンは財務長官を退任した1999年からシティグループ（デイヴィッド・ロックフェラーが真のオーナー）の頼まれ会長に就く。

シティ会長職から追い出された

〝リーマン・ショック〟の金融危機でズルくも政府に救済されたシティ・グループで、責任を取らずに最後まで居すわっていたのがルービンだ。経営最高責任者として居残っていた。デイヴィッド・ロックフェラーはついに怒って「お前に任せていたのに」とルービンを追い出した。

ルービンはクリントン政権に入閣する以前にゴールドマン・サックスの会長をしていた。だから、ルービンの以前の親分はジェイ・ロックフェラーである。それをデイヴィッドが奪い取ったのだ。

だからルービンには本気でシティ救済の汚れ仕事をする気はなかったのかもしれない。

シティはどうせ潰《つぶ》れる。誰が沈没しつつあるボロ船の船長など好きこのんでやるものか。

損な役回りを引き受ける大物財界人などいはしないのだ。

シティグループ（シティバンク）はもうすぐ潰れる

ルービンは最高顧問としての責任を問われ、皇帝デイヴィッドからクビにされた。

写真提供：PANA通信社

PROFILE ロバート・エドワード・ルービン
Robert Edward Rubin 1938年～

1938年	ニューヨークに生まれる。
1960年	ハーバード大学経済学部を最優等で卒業。
1961年	ロンドン・スクール・オブ・エコノミクスを卒業。
1964年	エール大学ロースクールを卒業。
1966年	ゴールドマン・サックス入社。
1980年	ゴールドマン・サックス経営委員。
1987年	ゴールドマン・サックス副会長。
1990年	ゴールドマン・サックス上席パートナーシップ兼共同会長。
1993年	クリントン政権下で、経済政策担当大統領補佐官。
1995年	財務長官（1999年まで）。
1999年	シティグループの経営執行委員会会長。

21 ローレンス（ラリー）・サマーズ
〝マッカーサー元帥の再来〟の末路

写真提供：Getty Images

経済学者のローレンス・〝ラリー〟サマーズ（NEC《エヌ・イー・シー》、国家経済会議。大統領直属の諮問委員会）委員長は大秀才で、アメリカ国家を、すなわち世界の金融経済を自信たっぷりに率いてきた男のひとりだ。

サマーズは財務長官になる前の1997年から1998年にビル・クリントン政権が「日本の金融叩きのめし」（金融自由化《ビッグバン》）を実行した際の最高司令官だった人物だ。日本はこじ開けられ、叩きのめされた。大銀行や大企業がハゲタカ外資に乗っ取られてひどい目に遭った。

あの時、サマーズは、アメリカ国内で〝マッカーサー元帥の再来〟と賞賛された。「日本を金融再占領した」と褒《ほ》めたたえられた。その後はハーバード大学学長になったが、実は女性問題で追われた。

責任を追及されて人身御供にされる

サマーズは鼻っ柱の強さだけは天下一品で、つい3年前まで、「自分の

写真提供：Getty Images

日本の政治家トップを怒鳴りつけ恫喝していた頃の自信満々のサマーズ。アラン・グリーンスパン（写真右）はさっさと逃げた。

サマーズはオバマと一緒に辞めさせられる係

今や疲れ果てたサマーズ。閣議で居眠りまでするようになった。ハーバードの神童といわれていたのに。やがて、人柱（ひとばしら、犠牲の山羊）にされる天才の末路は……。

写真提供：Getty Images

ような天才（たち）が金融・経済の舵取りをやっているのだから、世界はうまい具合に動いていく」と信じて疑わなかった。そういう男である。

だが今では、すっかり自信をなくしている。10年前とは様変わりした。彼は、急速に老け込んでいる。サマーズは閣議で居眠りするようになったと嘲《わら》われている。きっとこの後、サマーズはホワイトハウス内でイジメに遭い、過去の責任を取らされて、人身御供にされるだろう。そういう立場にいる。

現在のオバマ政権に閣僚入りしたのは、親分のデイヴィッド・ロックフェラーに命じられたからだろう。〝嫌々ながら〟引き受けさせられている。

PROFILE ローレンス・ヘンリー・サマーズ
Lawrence Henry Summers 1954年～

1954年	コネチカット州で生まれる。両親はともにペンシルベニア大学教授で経済学者。
1970年	16歳でマサチューセッツ工科大学（MIT）に入学。
1982年	MIT卒業後に進学したハーバード大学大学院で博士号を取得。
1983年	28歳の若さでハーバード大学史上最年少の教授となる。
1991年	世界銀行上級副総裁（チーフエコノミスト）に就任。
1993年	クリントン政権下で米財務省の財務次官に就任。
1995年	クリントン政権下で米財務省の財務副長官に就任。
1999年	ロバート・ルービンの後任の財務長官に就任。
2001年	ハーバード大学に学長として復帰。
2006年	スキャンダルで学長を辞任。
2009年	オバマ政権の国家経済会議（NEC）委員長に就任。

ブレトンウッズ合意で、IMF 体制（金・ドル体制）が成立し、ドルは世界基軸通貨となった。ニクソン・ショックからの 37 年間はドルの信用力を石油で裏打ちした修正 IMF 体制（石油・ドル体制）だ。

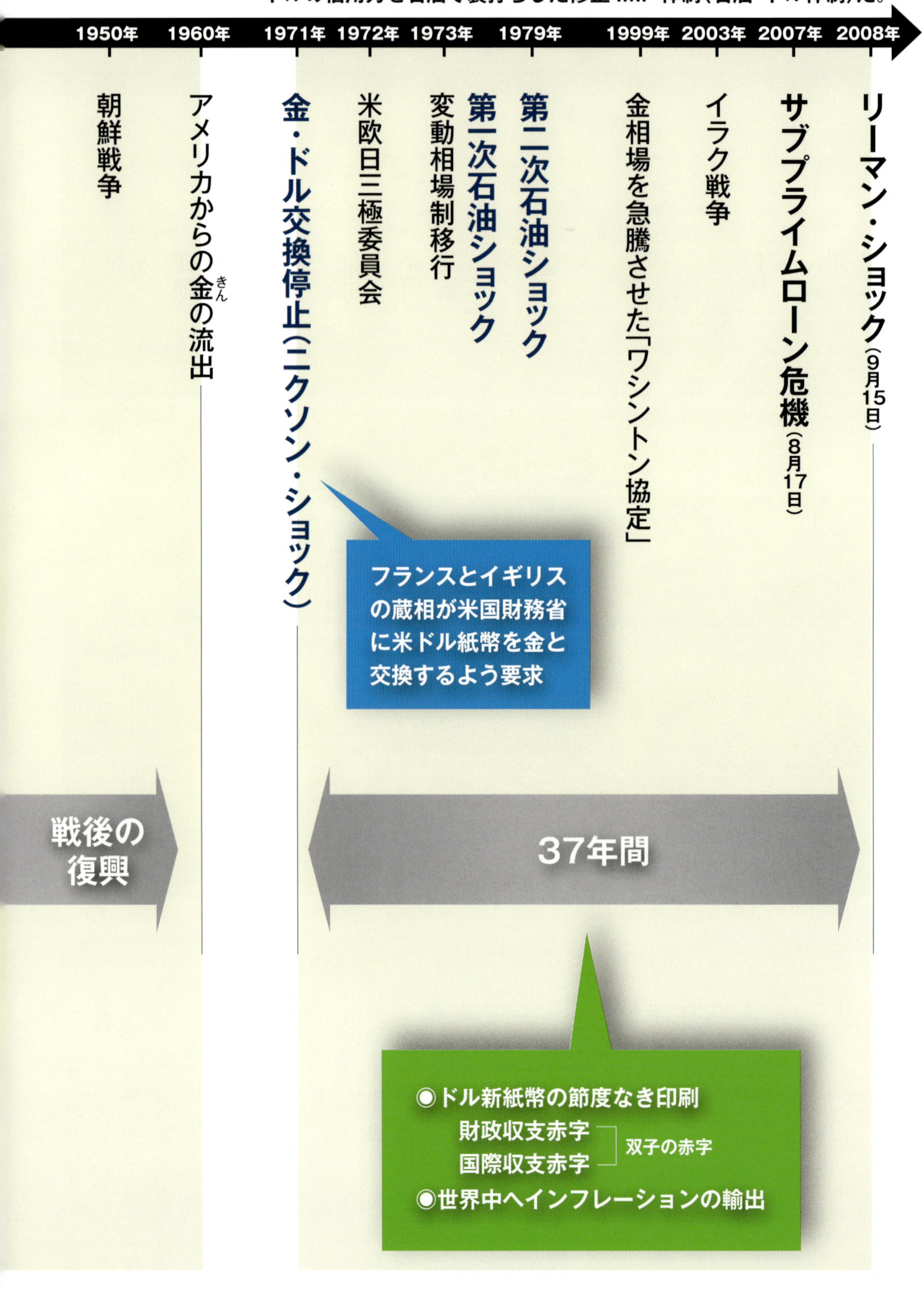

◆ 修正IMF体制誕生の経緯

1859年
アメリカで石油発見
鯨油から石油へのエネルギー革命

1870年
ロックフェラー1世
スタンダード石油を設立

1899年
南アで金とダイヤモンド鉱床が発見される

1913年
FRB設立

1914年
第一次世界大戦勃発→世界覇権の移動

1918年
第一次世界大戦終結
アメリカ金貨本位制に復帰（1919年）

1929年
ニューヨーク発世界恐慌

1931年
金とポンドの交換停止
（スターリング・ポンド体制の崩壊）

1939年
第二次世界大戦勃発
ブレトン・ウッズ合意

ブレトン・ウッズ合意
◉1ドル＝1/35オンス
◉1オンス≒31.1g
◉1ドル≒金1g

「全世界のすべての原油価格は必ず、独占的にドルで値決めされなければならない」
＝「必ずドルで決済されなければならない」

アメリカは上記の見返りにアメリカ友好国の体制維持を軍事面で支える約束

1945年
第二次世界大戦終結

◉米ドル優位
◉世界の金の過半を抱え込む
◉約５万トンの金保有

22

ポール・クルーグマン

本音をもらしたノーベル賞経済学者

写真提供：Getty Images

「インフレ・ターゲット理論」ポール・クルーグマン

ハーバード大学（経済学）の〝三神童〟と呼ばれたのが、ジェフリー・サックス、ラリー・サマーズ、ポール・クルーグマンだ。

クルーグマンは、アメリカのインテリ層や、金融経済系の人たちが信頼を置く『ニューヨーク・タイムズ』紙の有名なコラムで、かれこれ10年、日本を厳しく批判してきた。

クルーグマンはずっと日本に対して、「年率2％とかのインフレーションを人工的につくらなければ、激しいデフレスパイラルの中で不況がさらに悪化していく。だから日本は回復できない」と批判していた。「インフレ・ターゲット理論」（インタゲ論）である。人為的にインフレを起こせ、と日本の悪口を書き続けた。そしてインタゲ論が日本の経済学者たちの主流派、多数派であるかのように喧伝《けんでん》された。

アメリカは日本と同じことをした

ところが2009年4月、クルー

写真提供：Getty Images

「私たちは日本に謝らなければならない」2009年4月13日

クルーグマンはどの政権にも入れてもらえなかったからラクチン。日本では、副島隆彦が口汚いクルーグマンにそっくりだそうです。

ハーバード大学経済学部の“三神童”

写真提供（下3点）：Getty Images

クルーグマンはケインジアンとしてギリギリで生き残れる。2008年にノーベル経済学賞を受賞。

ジェフリー・サックスは雅子妃のハーバード大学留学時代の指導教授（メンター）だ。

ラリー・サマーズは「市場優先主義」の裏切り者だから、もう元には戻れない。

グマンは、ついうっかりと本音をしゃべった。「日本に悪いことをした。日本に謝罪せねばならない。今アメリカ政府がやっていることは日本とまったく同じだ」と発言した。

アメリカ経済はたいへんな事態になっている。だが、アメリカがやっていることは、1998年からの日本政府がとった政策とまったく同じだと暴露したのだ。

あの時はアメリカは、「日本政府は民間銀行を安易に救済せずに、きちんと破綻処理させるべきだ。日本のやり方は間違っている」と日本のやり方をクソミソにけなした。しかし今、アメリカは恥知らずにも、まったく同じことをやっている。

PROFILE ポール・ロビン・クルーグマン
Paul Robin Krugman 1953年〜

1953年	ニューヨークに生まれる。
1974年	イェール大学卒業。
1977年	マサチューセッツ工科大学でPh.D.を取得。 イェール大学助教授に就任（1980年まで）。
1982年	レーガン政権で大統領経済諮問委員会委員（1983年まで） IMF、世銀、EC委員会のエコノミストも務める。
1984年	マサチューセッツ工科大学教授（1994年まで）。
1994年	スタンフォード大学教授（1994年まで）。
1996年	マサチューセッツ工科大学教授（2000年まで）。
2000年	プリンストン大学教授。 「ニューヨーク・タイムズ」紙のコラムを担当。
2008年	ノーベル経済学賞を受賞。

23

ジョゼフ・スティグリッツ

“冷や飯食いのはぐれ者”経済学者

写真提供：Getty Images

親友サマーズにだまされた

「金融危機が起こる」と警告した ジョセフ・E・スティグリッツ

ジョゼフ・スティグリッツ（コロンビア大学教授　クリントン政権下でCEA《シー・イー・エー》委員長を務めた）は米オバマ政権に入って経済・金融政策を担当する閣僚になると下馬評では言われていた。ところが彼は閣僚入りできなかった。スティグリッツ派の弟子筋の学者は、ひとりも政権入りしなかった。

スティグリッツは、ラリー・サマーズNEC《エヌ・イー・シー》委員長とは長年の友人であり、良好な関係にあるとされてきた。しかし、スティグリッツは自分の人脈がひとりとして政権入りできなかったことで、サマーズを疑い始めた。それで実際に、サマーズがスティグリッツの政権入りを妨害したことがバレてしまった。

金融界から追放されるもノーベル賞

スティグリッツは、もう10年も前から、「やがて金融崩壊のメルトダウンが起こる」と警告していた。かねがね「米国の世界覇権によるグ

写真提供：PANA通信社

ノーベル経済学賞を受賞するスティグリッツ（2001年）。しかし日本の金融危機に対しては、「日本は政府紙幣を出すべき」と、おかしなことも言う学者でもある。

写真提供：Getty Images

スティグリッツは世界銀行上級副総裁兼主席エコノミストの時代にグローバリズム路線を公然と批判して金融界から追放された。

写真提供：Getty Images

新興国の助言者に変身中

スティグリッツ（写真左）とインドのマンモハン・シン首相（写真左から２番目）。スティグリッツのもとには、新興国からアドバイザー就任への依頼が相次いでいる。サマーズにだまされたが、ついに仕返しができてニンマリ。

ローバリズム政策が、世界中に貧困をもたらした」と批判していた。だから、アメリカ国内ではずっと不人気だった。彼は世界銀行《ワールド・バンク》で上級副総裁兼主席エコノミストを務めていた。その頃にグローバリズム路線を公然と批判したので、アナリストとしては金融界から追放されたのだ。

その頃、ノーベル経済学賞（2001年）を受賞。今では、BRICsの新興大国4カ国をはじめとして、国連、アジアやアフリカ諸国の間で、「スティグリッツ教授の主張が正しかった」という評価が高まっている。新興国から「わが国のアドバイザーになってください」との依頼が相次いでいる。

PROFILE ジョセフ・E・スティグリッツ
Joseph E. Stiglitz 1943年～

1943年　インディアナ州のガリーに生まれる。
1963年　アマースト大学を卒業。マサチューセッツ工科大学（MIT）の大学院に進む。
1969年　フルブライト奨学生としてケンブリッジ大学で学ぶ。その後はMIT、イェール大学、オックスフォード大学、プリンストン大学、スタンフォード大学で教鞭を執る。
1979年　40歳以下の若手経済学者の業績に対して与えられるジョン・ベイツ・クラーク賞を受賞。
1995年　クリントン政権下で、大統領経済諮問委員会委員長。
1997年　世界銀行で上級副総裁、チーフエコノミストを務める。
2001年　ノーベル経済学賞を受賞。コロンビア大学教授に就任。
2002年　『世界を不幸にしたグローバリズムの正体』でIMF批判。

写真提供（下２点）：Getty Images

24 〝反デイヴィッド連合〟を組む2大富豪

ウォーレン・バフェット

ビル・ゲイツ

「潰されてたまるか」
「新興財閥潰し」に反抗する
バフェットとゲイツ

世界1位と3位の大富豪

2006年6月26日、ビル・アンド・メリンダ財団による記者会見。バフェットの「ビル・アンド・メリッダ・ゲイツ財団」への5兆円寄付が発表された。写真は左がゲイツ、中央がゲイツの妻メリンダ、右がバフェット。

インターネットに食らいついたビル・ゲイツ

マイクロソフトのビル・ゲイツはOS（オウエス）のウィンドウズで世界一の金持ちになった。1987年にマイクロソフトに入社してきたメリンダ・フレンチと知り合い、1994年に結婚した。

ウォーレン・バフェットは世界第3位の大富豪である（世界第1位はビル・ゲイツ）。たった一代、50年間で築き上げた富だ。ゲイツやバフェットが一番心配していることは、自分たちが死んだあと、国家官僚や裁判官たちに、すべての遺産を奪い取られてしまうのではないか、ということだ。

なぜならアメリカの官僚たちは、大きく言えばロックフェラー家の息のかかった人々である。ロックフェラー家以外の財界人たちは常に監視下に置かれて、何かあると通貨当局や米国税庁に呼びつけられる。

この伝統は、アンドリュー・カーネギーやエドワード・ハリマン、ハワード・ヒューズ、ポール・ゲッティら、一代で財を成した天才的なアメリカの実業家たちの悲劇的な結末につながるものだ。相続税で狙われて、一代で消滅させられる。

生き残りをかけた一代富豪の戦い

2006年6月、バフェットはビル・ゲイツ夫妻と示し合わせて、自分がこれまでに築き上げてきた全資産500億ドルのうちの85%にあたる株式を、毎年序々にゲイツ夫妻が運営する「ビル・アンド・メリンダ・ゲイツ財団」に寄付するという思い切った行動に出た。その真意はアメリカ国内の他の財閥たちの動きを自分の監視下に置いているロックフェラー財閥に対する大いなる挑戦であり、自分たちの生き残りを賭けた、新たなる新興財閥の建設の企てだ。

一代富豪（ビリオネア）が自分の資産を財閥（トラスト）にして自分の死後も残してゆくためには、すさまじい試練が待っているのだ。

温厚な大投資家ウォーレン・バフェット

バフェットは最近なけなしの3.7兆円でアメリカ南部の鉄道会社を買った。アメリカは電車通勤に政策変更しつつある。この点で日本の新幹線の技術が注目される。

PROFILE

ウォーレン・エドワード・バフェット
Warren Edward Buffett 1930年～

1956年　投資会社「バフェット・パートナーシップ」を創業。
1965年　繊維会社「バークシャーハサウェイ」の経営権を取得。
1985年　バークシャーハサウェイの繊維部門を閉鎖し投資会社に変更。
2006年　資産の85%の374億ドルを5つの慈善財団に寄付すると発表。

ウィリアム・ヘンリー・ゲイツ3世
William Henry Gates III 1955年～

1975年　ハーバード大学を休学しマイクロソフト社を創業。
1985年　Windows 1.01を発売する。
1995年　Windows 95が発売され世界的なヒット商品となる。
2007年　13年連続で世界の億万長者番付1位に選ばれる。

25

レオ・メラメッド

巨大な金融八百長市場を今も操《あやつ》る男

写真提供：Getty Images

やっぱり皇帝デイヴィッドの家来

シカゴ・マーカンタイル取引所(CME《シー・エム・イー》)の総帥レオ・メラメッド

ミルトン・フリードマンは、金融の先物市場という理論を仕立て上げて、デリバティブという金融商品を取引する市場をつくった。このデリバティブ市場の現在の総本山が、シカゴ・マーカンタイル取引所（CME《シー・エム・イー》）である。そこを率いるレオ・メラメッド（75歳）というフリードマンの弟子が、巨大な世界的金融バブル活動の胴元である。

シカゴ・マーカンタイル取引所は、110年の伝統を持っている。ここでは豚肉から金《きん》、原油、そして各国の通貨から株式の指標取引まで、すべて先物市場《フューチャー・マーケット》で売買されている。危険な金融バクチはすべてここで行なわれていると言っても過言ではない。だから彼らは、暴力団(博徒)が開いた賭場の胴元のような人々だ。

ヤラセと八百長が行なわれている

CMEは、石油や金などの鉱物資源と農作物（穀物）の先物市場の他

やがて大爆発する金融バクチ商品（デリバティブ）の最後の砦

金（きん）も石油も通貨（為替）も金融先物商品はすべてメラメッドが関係する。写真は米2大先物取引所が統合して新しく誕生したCMEグループ最初の公式取引日（2007年7月13日）を記念する式典での一幕。左から2番目がメラメッド。　写真提供：PANA通信社

今でもメラメッド（写真右）はシカゴ・マーカンタイル取引所の名誉会長であり、まだ堂々としてかつ威張っている。どうやら巨大なヤラセが世界の金融市場の頂点の所で行なわれている。CMEは「公正なせり値をつける」場ではなくて、巨大な談合の場であり、公然たる八百長の現場であるらしい。関係者たちは薄々気づいている。

写真提供：AP Images

に、株や金利のスワップも、為替（通貨）のスワップ取引もするし、オプション取引もする。すべての穀物と、石油、天然ガスのエネルギー市場も操っている。このシカゴの先物取引所で、本当に公正で透明な市場取引によってモノの価値（値段）がついているか、どうも疑わしい。

メラメッドたちが、市場での公正な取引のふりをして、商品《コモディティ》（基本物資）だけでなくあらゆる種類の金融商品を先物市場という道具を使って人為的に操作している。地球上のすべての金融商品に先物市場を作って、それらを人為的に操り続けている。市場を特定の人間たちが操るというのは、許すべからざることである。

PROFILE レオ・メラメッド
Leo Melamed 1932年～

1932年	ポーランドに生まれる。
1939年	独軍のポーランド侵攻で家族と共にリトアニアへ逃げ込む。日本人総領事（杉原千畝）の発行したビザでシベリア経由で日本へ。神戸のユダヤ人コミュニティーに4カ月滞在。
1941年	アメリカのシカゴに定住。
1969年	シカゴ・マーカンタイル取引所の議長に任命。
1972年	通貨先物を扱う国際通貨市場（IMM）を設立。
1976年	金融商品に財務省短期証券を導入。
1981年	金融商品にユーロダラーを導入。
1982年	金融商品に株価指数先物を導入。
2007年	CMEがシカゴ商品取引所（CBOT）の買収。CMEグループとなる。
2008年	CMEがニューヨーク・マーカンタイル取引所と合併。

写真提供：Getty Images

26

ミルトン・フリードマン

アメリカ金融バクチ経済学の創始者

どこが市場原理主義だ！

98歳で死んだ極悪人 ミルトン・フリードマン

ミルトン・フリードマンは『選択の自由』（1980年）という本で一世を風靡《ふうび》した。アメリカのレーガノミックス（レーガン政権の政策）やイギリスのサッチャー政権の経済政策の理論的支柱ともなった。小泉純一郎政権の「構造改革」にも、このフリードマンの経済学が唱えられた。「自由競争と市場原理のすばらしさ」を説き、「規制撤廃」と「小さな政府」を唱導《しょうどう》した。

ところが、これらは大ウソであった。フリードマンの理論そのものが、悪質なグローバリスト・モデルの一部であった。その典型が南米・チリの悪名高きアウグスト・ピノチェト軍事独裁政権である。

アメリカは、チリを自由主義改革の実験場にした。フリードマンの思想を支持する学者やエコノミストを教育係として送り込み、アメリカにとって利益になるように経済構造改革を実行した。このあと日本で、小泉・竹中平蔵を使って実践している。

“マネタリスト”という食わせ者学者（極悪人）

フリードマン（写真右）は、前述したレオ・メラメッド（写真左）の先生（メンター）である。写真は1972年にフリードマンについて教えを受けるメラメッド。 “ How about this for an idea, Milton? ” （http://www.leomelamed.com/より）

やはり正しかった ジョン・メイナード・ケインズ（John Maynard Keynes、1883～1946年）

フリードマンはマネタリズムを唱えてケインズ経済学を批判した。ケインズ・モデルとは簡単に言えば、「大不況時には公共投資（公共事業）を行なって有効需要（エフェクティブ・デマンド）を創造するのがよい。それで不況を乗り切る」という思想である。今やケインズ主義（貧乏国民救済思想）が正しい。世界中がケインズ政策一辺倒になりつつある。

写真提供：Getty Images

世界中が騙されたフリードマン理論

東欧諸国でも、ソビエトの崩壊以降、アメリカの手助けで「民主化＝市場経済化＝資本主義化」していく。フリードマンのマネタリスト理論をジェフリー・サックスやラリー・サマーズを介して導入した結果、旧東欧諸国は、貧しいまま、アメリカの属国群の中に組み入れられていった。私たちはミルトン・フリードマンに大きく騙《だま》されたのである。

今や、強くフリードマンは批判され、金融経済思想としてケインズ・モデル（ケインジアン政策）が一気に大きく世界中で復活している。

PROFILE ミルトン・フリードマン
Milton Friedman 1912～2006年

1912年	ニューヨークでユダヤ系移民の子として生まれる。
1927年	奨学金を得て15歳の若さで高校を卒業。
1933年	シカゴ大学で経済を専攻し、修士を取得。
1946年	コロンビア大学でサイモン・クズネッツ（1971年ノーベル経済学賞受賞）の指導を受け博士号を取得シカゴ大学の教授となる。以降、シカゴ学派のリーダーとしてノーベル賞受賞者を含め多くの経済学者を育てる。
1955年	教育バウチャー（利用券）制度を提唱。
1975年	チリのピノチェト軍事政権に経済政策を提言。
1976年	ノーベル経済学賞受賞。
1988年	アメリカ国家科学賞と大統領自由勲章を授与。
2006年	心臓疾患のためサンフランシスコにて死去。

写真提供：Getty Images

27 金融危機で大損した大投機家たち

ジョージ・ソロス

ジム・ロジャース

ジョージ・ソロスは、1997年にアジア通貨危機を仕掛けた大投機家である。ソロスは、どうもロックフェラー家とロスチャイルド家の両方に二股をかけているらしい恐ろしい男である。ヘッジファンドの生みの親のひとりで、世界基準の相場を張っている金融のウルトラ・プロフェッショナルである。篤実で温厚な大投資家のウォーレン・バフェットと違って、ワルの権化のひとりだ。

彼は、もともとが、ハンガリー・ユダヤ人で、オーストリア学派の、カール・ポパーの「(秘密結社《シークレット・ソサエティ》ではなく）開かれた社会（オープン・ソサエティ)」という意味不明の思想を学び、私淑した。ロンドンで、ポンド通貨の売り崩しの為替投機で財を築き名声を得た。香港、上海の土地バブルも仕掛けている。

名うての投資家も金融危機で大損

「クォンタム・ファンド」という

米ロックフェラー家と欧州ロスチャイルド家の二股をかけるソロス

2001年12月10日、ニューヨーク公立図書館で行なわれた式典にて。後列一番左がソロス、後列左から2番目がデイヴィッド・ロックフェラー。

写真提供：PANA通信社

ソロスのかつての盟友ジム・ロジャース

かつてソロスと一緒に「クォンタム・ファンド」を主宰していた。若い頃にバイクで世界を放浪している。実地で考える男。今は中国と実物市場（タンジブル・アセット）に肩入れしている。きっと彼が勝つだろう。

写真提供：Getty Images

投資ファンドでの、ソロスのかつての盟友がジム・ロジャースである。ジム・ロジャースは、アメリカ株をすべて売り払って、シンガポールに移住した。

ニューヨークのハドソン川の見える自宅を30年前に買った時の実に160倍の1500万ドル（15億円）で売って「これからは中国に投資する。それから穀物・農産物を買う。アメリカはもう終わりだ」と盛んに喧伝《けんでん》している。

彼らは世界水準の大投機家である。しかし2008年の3～6月、6～9月の大暴落で、ソロスもロジャースも大きな痛手を受けたようだ。

PROFILE

ジョージ・ソロス
George Soros 1930年～

1956年　アメリカに移住しニューヨークのウォール街に赴く。
1969年　ソロス・ファンド（後のクォンタムファンド）を設立。
1980年　ジム・ロジャーズと訣別。
1992年　イギリスの通貨ポンドへの空売りで15億ドルの利益を得る。

ジム・ロジャース
Jim Rogers 1942年～

1966年　オックスフォード大学を卒業。
1973年　ジョージ・ソロスとともにクォンタム・ファンドを設立。
1980年　仕事を引退。コロンビア大学ビジネススクールの客員教授へ。
2007年　ニューヨークからシンガポールに移住。

写真提供：Getty Images

28

サンフォード・ワイル

〝世界皇帝〟の金融実働部隊長は失脚

シティグループの創設者が、サンフォード・ワイルである。総帥デイヴィッド・ロックフェラーの腹心であり、〝ワル〟そのもののNY金融界の大物である。デイヴィッドの忠実な子分だが、時々、親分の言うことをきかないでカンシャク玉を破裂させる。

このデイヴィッドの大番頭サンフォード（サンディ）・ワイルが、金融の実働部隊のトップとして、巧妙に動いてきた。

リーマン・ブラザーズ、メリルリンチ、モルガン・スタンレー、ソロモン・ブラザーズの4つの大証券（投資銀行）を彼が育てた。そして、すべて潰した。

シティグループは世界一の優良大企業であるはずだった。最大時には時価発行総額で35兆円あった。しかし、2007年の8月18日のサブプライムローン危機をきっかけに下落。約1年後の2008年9月15日、リーマン・ブラザーズは破綻《はたん》した。メリルリンチも倒産（破綻）の危機

小泉元首相に「俺に三菱銀行を売れ」と言いに来た男

〝ワル〟のワイル

リーマン、モルガン・スタンレー、メリルリンチ、ソロモンの４つの投資会社（投資銀行）を大きくしたのはこの男だ。そして全部潰した。壮観である。

写真提供：Getty Images

ワイル(写真左)は、ボルカー、チェイニーと並ぶ“ダビデ大王”デイヴィッド・ロックフェラーの直臣のひとり。ロバート・ルービン(写真右)もワイルと同格。どちらもダビデ大王の信頼が厚かった。

写真提供：Getty Images

に瀕《ひん》して、バンク・オブ・アメリカに身売りした。モルガン・スタンレーは再建中である。

シティグループは実質的に壊滅状態

これらはいずれ消えてなくなる。生き残るのはゴールドマン・サックス（ジェイ・ロックフェラーが真のオーナー）とJPモルガン・チェース（欧州ロスチャイルド系）とウェルズ・ファーゴ銀行などであろう。

デイヴィッド・ロックフェラーは、大損失の痛手を受けて、もうすっかり「世界経営」をやることに嫌気がさしているようだが、死ぬまで権力を手放さない。

PROFILE サンフォード・ワイル
Sanford Weill 1933年〜

1933 年	ニューヨークのブルックリンに生まれる。
1951 年	コーネル大学に入学。
1955 年	ベア・スターンズに就職。
1960 年	カーター・バーリンド・ポトマ&ワイルを創業。
1967 年	バーンスタイン・マコーレーを買収。以降、数々の買収を繰り返し、企業規模を拡大させていく。
1983 年	アメリカン・エキスプレスの社長に就任。
1985 年	アメリカン・エキスプレスの社長を辞任。
1986 年	消費者金融コマーシャル・クレジットの経営再建に携わる。
1993 年	大手保険会社トラベラーズを買収。
1998 年	トラベラーズとシティコープが経営統合。シティグループの会長兼 CEO に就任。

ICs

ついに囁《ささや》かれはじめた“アメリカ処分案”。

崩れゆく世界帝国を冷ややかに眺めながら、

欧州と新興国BRICsは新たな“世界地図”を描きだす――。

来るべき世界の命運を握る指導者たちの思想と戦略とは?

写真提供：Getty Images

写真提供：Getty Images

第3章

欧州とBR

写真提供：Getty Images

アメリカに
処分案を突き付ける
指導者たち

29

BRICs

これからの世界を動かすBRICs《ブリックス》

これから伸びていくのは、新興大国のBRICs《ブリックス》4カ国である。ブラジル、ロシア、中国、インドが〝ドル覇権の崩壊〟の後の世界を共同して指導していくことだろう。

ブラジル（B）を筆頭とする中南米諸国は、北米のアメリカ合衆国に対して強い反感を抱いている。200年間にわたってアメリカの資本に搾取《さくしゅ》され続けた。大きな動きでのアメリカ合衆国への抵抗、反抗を始めている。

ロシア（R）は、中国と4000キロにも及ぶ長い国境線で接し、当然、いろいろな問題を抱えている。両国は天然ガスや石油のパイプラインの共同敷設等によって、サハリンの天然ガスのパイプラインの中国内通過の問題で、相互に緊迫することもあるが、大きくは協調し合っている。

ロシアの首脳（プーチンとメドヴェージェフ）は、中国の首脳とうまく折り合いながらやっている。

新興4大国首脳の秘密の合言葉

インド（I）は、中国とはもともとソリが合わない国だ。だがインド人は大人だから、表面上は大国同士の親交を結び温厚な付き合いをしている。

微妙な対立が中国とインドの政府にはある。けれども、大きくは新興4大国の2国として互いに上品に振る舞っている。

中国（C）が、ブラジル、ロシア、インドとも協調して次の覇権国になる。

アメリカ合衆国の衰退と経済的な没落を冷酷に見つめながら、いらぬ争いをアメリカと起こすことなく、何食わぬ顔をして、着々と国内を固める。国内から経済成長を優先する。戦争などしている暇はない。

新興4大国の首脳たちの秘かな合言葉は、「アメリカが潰《つぶ》れるのを待とうぜ。話はそれからだ」である。

ロシア・エカテリンブルグで行なわれたBRICs初の4首脳会談（2009年6月16日）。左からルーラ大統領（ブラジル）、メドヴェージェフ大統領（ロシア）、胡国家主席（中国）、シン首相（インド）。

写真提供：PANA通信社

首脳たち

「アメリカが潰れるのを待とうぜ。話はそれからだ」

“America《アメリカ》 Dissolved《ディゾルヴド》”
目くばせし合う4大新興国

写真提供：Getty Images

4代目男爵《バロン》
ジェイコブ・ロスチャイルド（74歳）

30

ジェイコブ・ロスチャイルド
ナット・ロスチャイルド

巻き返しを図る欧州ロスチャイルド

ロスチャイルド・ロンドン家6代目のジェイコブ・ロスチャイルド卿が、現在のロスチャイルド家の当主（総師）である。2010年で74歳になる。ジェイコブこそは、ロスチャイルド家の再興のカギを握っている重要な人物である。

ジェイコブは、ロンドン家の初代（創業者）であるネイサン・ロスチャイルドから数えて6代目である。その父のマイヤー・アムシェル（全体の創業者）から数えれば7代目ということになる。

ジェイコブは4代目の男爵（バロン）である。どうもヨーロッパの貴族たちの爵位の叙任権は、今も、本当は旧神聖ローマ帝国（ハプスブルグ家）が密かに握っているようだ。

ジェイコブの息子が当主の座を継ぐ

ヨーロッパ・ロスチャイルド家全体の総帥であるジェイコブは、米ロックフェラー家の攻勢に遭い、90年代に劣勢に立たされた。

ロスチャイルド家の現当主と次期当主

2004年6月に開かれたルイヴィトンの150周年記念パーティーに出席するジェイコブ・ロスチャイルド（写真左）と息子（長男）のナット・ロスチャイルド（写真右から２人目）。女優のナタリー・ポートマンと。

写真提供：Getty Images

ナットと女優のマルゴ・スティリー。ナットはセレブリティーズとの交遊も多く目撃されており、イギリスの夕刊紙に話題を次々と提供することも忘れていないようだ。

写真提供：Getty Images

苦境を脱し勢力を盛り返すために、一時期は創業の地のフランクフルトに居住していた。日本にもたびたび来ている。

ロスチャイルド家全体の当主の座を継いでいくのは、ジェイコブの長男のナサニエル・フィリップ（ナット）・ロスチャイルド（ロンドン家七代目）である。

彼も、一時、日本にやって来て盛んに動いていた。最近、自分のヘッジファンドのアティカスで30億ドル（約3000億円）の損を出したので、会社を解散して、さっさと損切りしたようである。

PROFILE ジェイコブ・ロスチャイルド
Jacob Rothschild 1936年〜

1936年	ロンドン家5代目当主ヴィクターの長男として生まれる。
1961年	カナダ人金融家の孫娘、セレナ・メアリ・ダンと結婚。
1963年	N・M・ロスチャイルド＆サンズで働き始める。
1980年	内紛でN・M・ロスチャイルドを辞任。 ロスチャイルド・インヴェストメント・トラストを設立。

ナサニエル・フィリップ・ヴィクター・ジェイムス・ロスチャイルド
Nathaniel Philip Victor James Rothschild 1971年〜

1971年	ジェイコブの長男として生まれる（姉が３人いる末っ子）。
1995年	モデルのアナベル・ニールソンと結婚（1997年に離婚）。 アティカス・キャピタルの共同チェアマンに就任。
2005年	世界経済フォーラムで"Young Global Leader"に選ばれる。

31

ロスチャイルド家の〝内紛〟

イヴリン・ロスチャイルド
ダヴィド・ロスチャイルド

〝反ジェイコブ連合〟

イヴリン・
ロスチャイルド
（イギリス・ロンドン分家）

ダヴィド・
ロスチャイルド
（フランス・パリ家当主）

写真提供：Getty Images（上）、PANA通信社（下）

1980年から激しく対立するイヴリンとジェイコブ

1980年に、ロスチャイルドのイギリス・ロンドン家内の相続をめぐって、激しい内紛と分裂が起きた。

ジェイコブ・ロスチャイルドは、「ロスチャイルド・トラスト（信託）銀行」しか貰《もら》えなくて、怒って飛び出した。

本体のN《エヌ》M《エム》ロスチャイルド・アンド・サンズ銀行は、本店所在地はロンドンのシティのニューコートにある。このニューコートの入り口のドアには有名な「五本の矢」の紋章がある。

この銀行は、傍系であるアントニー・グスタフ（1887〜1961）の息子のイヴリン・ド・ロスチャイルド（1931〜）と、フランス・パリ家の当主であるダヴィド・ド・ロスチャイルド（1942〜）の連合が押さえた。フランス家は、鉄道王ジェイムズ・ロスチャイルドによって創始された名家である。

ダヴィドが分裂を修復へ

NMロスチャイルドは、今も、イヴリンとダヴィドの双方の息子たちが、支配して経営している。ジェイコブ父子は、ヘッジファンドという新しい金融分野で活動。依然としてファミリーの一員であり、「コンテュニエーション・ホールディング」を作って一族の和解を目指している。

イギリスのNMロスチャイルド銀行の株式は、ジェイコブ父子も持っているが、統括するのは、パリ家のダヴィドである。このダヴィドも、パリ家とロンドン家の分裂を修復し、ロスチャイルドの本拠をスイスに移すことにほぼ同意したようである。

2004年3月11日、リッツ・ホテルにて。左からイヴリン・ロスチャイルド、イヴリンの妻リン・フォスター、ジェイコブ・ロスチャイルド。イヴリンとリン・フォスターは、1998年のビルダーバーグ会議で知り合った仲である。

パリ家5代目当主のダヴィド・ロスチャイルド（写真右）とパリ分家のエリック・ド・ロスチャイルド（写真左）。エリックはシャトー（フランスワインの製造）を運営するDBRラフィットのオーナー。

写真提供（上2点）：Getty Images

PROFILE イヴリン・ド・ロスチャイルド
Evelyn de Rothschild 1931年〜

1968年　NMロスチャイルドパリ支店のディレクター。
1976年　NMロスチャイルドを引き継ぎチェアマンに。
2003年　NMロスチャイルドをパリ家のダヴィドに引き継ぐ。妻とE.L. ロスチャイルドを設立。

ダヴィド・ド・ロスチャイルド
David de Rothschild 1942年〜

1966年　ロスチャイルド・フレール銀行に入行。
1987年　ロスチャイルド&シー銀行を設立。
1992年　ロンドン・NMロスチャイルド副会長就任。
2003年　ロンドン・NMロスチャイルド社長に就任。

写真提供：Getty Imges

32 アル・ゴア

アル・ゴア自身が『不都合な真実』

二酸化炭素（CO^2）がかわいそう

本当は寒冷化している世界

人類が石炭石油（化石燃料）を燃やすので、空気が汚れ大気中の温度が高くなる、と大いに喧伝《けんでん》されている。しかし、このブームの背景にあるのは、欧州ロスチャイルド家と、アメリカ・ロックフェラー家との闘いである。

〝世界皇帝〟デイヴィッド・ロックフェラーは、石油王であり、石油と共に栄え、そして滅んでゆくのである。それに対して、金（ゴールド）にこだわりすぎていったんは敗北した欧州ロスチャイルド家が、新たに石油エネルギーに対抗して〝クリーン〟なエネルギーである原発を持ち出してきた。これに、中国やインド、ブラジルが加担する。

ゴアの資金源は欧州系の資本

アル・ゴアを背後から応援しているのはヨーロッパ人たちであり、ロスチャイルド家である。アル・ゴアの資金源は、父親のアルバート・ゴア・シニア上院議員の時から、オキ

写真提供：PANA通信社

それで……「クリーンなエネルギーは原発」だとさ

『不都合な真実』
だが二酸化炭素は悪くない。地球は温暖化などしていない。むしろ寒冷化しつつある。アル・ゴアは無実のCO_2（温暖化ガス）を悪魔にして、原発がクリーンなエネルギーだと言いくるめている。上の写真は2007年12月10日に行なわれたノルウェーの首都オスロでのノーベル平和賞授賞式で、メダルを胸に掲げるアル・ゴア（左）と「気候変動に関する政府間パネル（IPCC）」のパチャウリ議長（右）。

写真左はゴアの父親のアルバート・ゴア・シニア（Albert Arnold Gore,Sr. 1907～1998年）。右は妻のポーリーン（1912～2004年）。

ゴア家の資金源、オキシデンタル石油（カナダ系石油資本のオーナーだった政商アーマンド・ハマー（Armand Hammer, 1898～1990年）。

写真提供（左右２点）：Getty Images

シデンタル石油というカナダ系の石油資本である。カナダ系ということは、欧州ロスチャイルドの資本であるということだ。そのオーナーは特異な経営者であったアーマンド・ハマーという人物だ。

アル・ゴアが書いた『不都合な真実』という環境本と映画の一大キャンペーンが、2006年頃から続いた。温暖化現象（グリーンハウス・イフェクト）の元凶は二酸化炭素（CO_2）とされた。本当の狙いは、原発《げんぱつ》を世界中に建設することだ。ヨーロッパ勢とジェイ・ロックフェラーが組んで、これから原子力発電所を世界中に1000基もつくることでエネルギー問題を乗り切ろうとしている。

PROFILE

アルバート・アーノルド“アル”ゴア・ジュニア
Albert Arnold “Al” Gore, Jr. 1948年～

1948年	ワシントンD.C.に生まれる。
1974年	ヴァンダービルト大学ロー・スクールに入学。
1976年	テネシー州の選挙区から下院議会選挙に出馬し、当選。
1984年	上院議会選挙に立候補して当選。
1988年	大統領選に出馬するが予備選で敗退。
1993年	アメリカ合衆国副大統領に就任（2001年まで）。「情報スーパーハイウェイ構想」を推進する。
2000年	大統領選では共和党のブッシュ候補と接戦の末、敗北。
2006年	地球温暖化に関するドキュメンタリー映画『不都合な真実』に出演。翌年、同名の本も出版。
2007年	環境啓蒙活動が評価されノーベル平和賞を受賞。

写真提供：Getty Images

33

ヘンリー・ポールソン

〝チャイニーズ〟ポールソンは去った

アメリカの前財務長官であったヘンリー・〝ハンク〟ポールソンはゴールドマン・サックスの元会長であった。

ゴールドマン・サックス社の真のオーナーはジェイ・ロックフェラーである。

ポールソンは中国に75回行っている。ポールソンが、中国の今の若い指導者たちの〝御養育係〟である。北京の清華《せいか》（チンホア）大学で長く講師を務め、彼が直接教えた学生たちの中から、中国の若手の指導者たちが育っている。

2年後の2012年10月の党大会で最高指導者になる、中央政治局常務委員（中国でトップの9人）のうちの序列第6位の習近平《しゅうきんへい》（シー・チンピン、57歳）は、〝チャイニーズ〟ポールソンが育てた。

アメリカが望む次期国家主席

習近平は次期国家主席の座をめぐって李克強《りこくきょう》（リー・クーチアン 55歳、

次の国家主席・習近平《シー・チンピン》を清華《チンホア》大学で育てた

2006年9月19日、中国の杭州で、習近平と面会するヘンリー・ポールソン（当時は米財務長官）。この半年後の2007年3月に習近平は上海市党委書記に就任した。

写真提供（上下3点）：Getty Images

ポールソンと破綻したリーマン元トップの憎悪

恐ろしい形相でにらみ合う2人。2008年10月6日、リーマン・ブラザーズのリチャード・ファルド元CEO（写真右）は米下院の公聴会で「わが社だけがなぜ破綻させられたのか」と米財務省の対応をなじった。左写真は財務長官時代のポールソン。

北京大学系）と現在争っている。アメリカとしては、習近平が勝つことを望んでいる。

以前からジェイ・ロックフェラーの系列は親中国的だった。これに引きずられて、これまで世界の一極覇権を推進していたデイヴィッド・ロックフェラーの系列（シティグループ）も、中国との関係を重視している。

だから、今やアメリカで中国嫌いの姿勢を続けているのは、「イスラエル・ロビー」および、それとつながっているネオコン派（イスラエル擁護派）の勢力だといってよいだろう。以前はイスラエル・ロビーは中国と深くつながっていた。

PROFILE

ヘンリー・メリット "ハンク" ポールソン

Henry Merritt "Hank" Paulson 1946年～

1946年	フロリダ州パームビーチで生まれる。
1970年	ハーバード・ビジネス・スクールで経営学修士を取得。米国防総省の国防次官補のスタッフ・アシスタントになる。
1972年	ニクソン政権の内政担当大統領補佐官ジョン・アーリックマンの補佐官を務めた。
1974年	ゴールドマン・サックス社に入社。
1998年	同社の共同会長兼最高経営責任者。
1999年	単独で同社の会長兼最高経営責任者（CEO）。
2000年	北京の清華大学経営学部諮問委員会の初代委員長となる。
2006年	ブッシュ政権でジョン・スノーの後任の財務長官に任命。
2008年	9月のリーマンブラザーズ危機でリーマンの救済を拒否。

写真提供：Getty Images

34

ルパート・マードック

早くから中国に賭けたメディア王

ダビデ大王も一目置く

“世界メディア王《モーガル》”ルパート・マードック

世界規模でのスポーツ・メディアの放送・興行権を握っているのが〝メディア王〟であるルパート・マードックだ。実はオリンピックもワールドカップ（サッカー）も放送利権はマードックのものだ。

以前は日本のメディア業界にも介入して、いろいろと動いていた。マードックは孫正義《そんまさよし》を手先に使って、1993年にテレビ朝日の株の乗っ取り劇をやった。あのときに200億円ぐらいを孫正義は儲けた。

マードックは切れ者であるから、アメリカの五番目のメディア・ネットワークであるFOX《フォックス》系を買収して、アメリカにも上陸した。その前にイギリスのスポーツ・メディアを握った。創業仲間のジョン・マローンの裏切りにも勝利した。

危機から脱したマードック帝国

マードック・メディア帝国が危機に陥ったときに、マードックは、自分の後継ぎを長男のラクラムに

マードックと若い中国人の妻

マードック３人目の妻ウェンディ・デン（ Wendi Deng ）。香港のスターTVで働いていたときにマードックのお手つきになった。年齢差は40。２人の子供がいる。

写真提供（上下２点）：Getty Images

かつて孫正義（写真左）を使ってテレビ朝日の株を操作し、小遣い稼ぎをしたマードック（右）。テレビ朝日の株を21％買い占めた。

せず、二男のジェームズにして、自分はさっさと中国に本拠を移した。１９９９年には中国人の若い女性（香港のスターＴＶの副社長を務めていた鄧文迪《ウェンディ・デン》。共産党政権下の１９６９年に江蘇省《こうそしょう》の徐州《じょしゅう》に生まれて、広州で育ち、アメリカ留学経験がある）と再婚している。マードックは以来、中国やインド戦略を本格化させている。

マードックは、ロックフェラー家が次の超大国を中国にすると決めたことを先取りした。苦境のシティバンクを救済できるのは、今やマードックだと中国では囁《ささや》かれている。中国の各省ごとの華僑系財閥と、太いパイプを築いている。

PROFILE キース・ルパート・マードック

Keith Rupert Murdoch 1931年～

1931年	オーストラリアのメルボルンで生まれる。
1952年	アデレード新聞社の「ニューズ」を父親の遺産としてもらう。
1969年	「サン」（イギリスの大衆紙）を買収。
1976年	「ニューヨーク・ポスト」（アメリカのタブロイド紙）を買収。
1981年	「タイムズ」と「サンデー・タイムズ」を買収。
1984年	映画会社の「20世紀フォックス」を買収。
1986年	地上波テレビ「フォックス」を開始。
1988年	ドイツの「ベルテルスマン」を抜き、世界一のメディア企業に。
1993年	香港「スターTV」を買収。
1996年	日本のテレビ朝日に資本参加（翌年テレビ朝日株を売却）。
2003年	衛星放送の「ディレクTV」に資本参加。
2005年	SNS世界最大手「マイスペース・ドットコム」を買収。
2007年	アメリカのダウ・ジョーンズを買収。

35

鄧小平
毛沢東

中国を豊かにした鄧小平《デン・シャオピン》が偉い

写真提供：Getty Images

共産中国を築いた「善人」と「悪人《ワル》」

鄧小平（写真前列左）は毛沢東（写真前列右）にいじめられ、刺客に追われて四川省の山中を、賀龍将軍に背負われて逃げのびた。

米政府は旧日本軍から捕獲した武器弾薬を、裏から中国共産党軍に与えて毛沢東に加担した。蒋介石はアメリカに裏切られた。

写真提供（上2点）：Getty Images

「聖人君子」というのは、中国では聖人が皇帝《ファンディ》で、君子《クンツー》がそれに仕える官僚たちのことである。そして皇帝というのは、王様の中の王様で、権謀術数《けんぼうじゅつすう》の汚い戦争をくりかえして勝ち残った覇者《はしゃ》のことだ。日本で言えば天下人《てんかびと》であるから相当に残虐なことをした人間である。毛沢東《もうたくとう》もこの系譜であり、まさしく、〝紅《あか》い皇帝〟だった。自分でもそう自認していただろう。

猜疑心が強かった毛沢東は、自分がいつ権力の座から追い落とされるかわからない、という恐怖心から、自分の周りの党の幹部同志たちを〝粛清〟し、それこそ〝皆殺し〟にした。それが1966年から10年間の文化大革命である。あの10年間で3000万人とも1億人ともいわれる中国の立派な人々が、収容所（労働矯正所、思想改造所）に入れられたり、重労働させられたり、あるいは公然と公衆の前に引きずり出されてなぶり者にされた。

二度の失脚から奇跡的に復帰

あんな毛沢東という男が「建国の英雄」だから、付き従わなければならなかった鄧小平《とうしょうへい》たちは本当に大変だったろう。鄧小平は独裁者であった毛沢東の下で、苦労して周恩来《しゅうおんらい》らとともにかろうじて生き延びた。

鄧小平は四川省の山中を、賀龍《がりゅう》将軍に背負われて、追手の〝四人組〟の刺客から逃げのびて、〝三度の失脚〟から奇跡的に復帰した。そして、1979年からの改革開放政策で、中国を貧乏のドン底から救い出して、30年かけて豊かな国にした。この鄧小平の遺産こそは、今の中国の繁栄である。

PROFILE

鄧小平 とうしょうへい　デン・シャオピン　Deng xiao ping 1904～1997年

1968年	文化大革命で失脚。翌年、江西省南昌に追放。
1977年	党最高実力者に復帰。党大会で文化大革命の終了を宣言。
1979年	経済特別区の設置を決定。改革開放路線を推進。
1992年	1月から2月にかけて、上海などを視察し南巡講話を発表。

毛沢東 もうたくとう　マオ・ツェドン　Mao Zedong 1893～1976年

1949年	中華人民共和国を建国。
1958年	大躍進政策を発動するが失敗。数千万人の餓死者を出す。
1966年	大躍進政策失敗で失った実権を取り戻すべく文化大革命を展開。粛清で多数の犠牲者を出し、経済停滞をもたらす。

36

2012年まではこの善人指導者たち

胡錦濤　温家宝

写真提供(下２点)：Getty Images

胡錦濤《フー・チンタオ》
国家主席（共産党総書記）＝大統領《プレジデント》

温家宝《ウェン・チアバオ》
国務院総理＝首相《プレミア》

今の中国の胡錦濤《こきんとう》や温家宝《おんかほう》の登場は、１９８０年代からだ。すでに20年前から鄧小平《とうしょうへい》が育てた〝汚れていない〟中国指導者たちである。２００２年11月の党大会を境に、今の胡錦濤と温家宝の体制に移行した。これがこのあと2年、２０１２年10月まで続く。

胡錦濤は北京の清華大学で石油化学（ petrochemistry ）を学んだ技術者だ。彼を中心にした理科系の技術屋あがりが今の幹部たちである。共青団《きょうせいだん》（中国共産党の青年エリート集団）出身で、チベット自治区党委書記で苦労して評価された。

温家宝は、趙紫陽《ちょうしよう》総書記の片腕の書記であった。１９８９年の天安門事件の時、趙紫陽（事件後失脚）は自ら学生たちのところに行っている。その時、趙紫陽の横にピタリとついて、民主化運動の学生たちと話し合い、泣きながら彼らを説得していたのが温家宝だった。

鄧小平は民主化運動の学生たちを弾圧したくなかった。だから天安門

汚れていない最高指導者たち

しかし地方（各省）の党幹部たちは現在も汚れまくっている。それが高度経済成長というものだ。胡錦涛（写真右）と温家宝（写真左）の2人の政権は2012年までである。彼らは天安門事件（1989年）で苦労した。我慢に我慢の人生だ。

写真提供：Getty Images

事件が起きて困りはててしまった。仕方なくそのあとの15年間を〝汚れた上海閥〟である腹黒い（かつ保守派）の江沢民《こうたくみん》と曽慶紅《そうけいこう》に国家主席の座を渡すしかなかった。

上海閥に妥協して実を取った鄧小平

だから、鄧小平は、初めからつまらない人物であることがわかっていた江沢民を頑迷保守派の長老たちが結束して推すので、渋々認めた。と同時に、その次の15年後の指導者として今の胡錦濤と温家宝を若手の政治局常務委員に押し込むことで、実を取ったのである。

PROFILE

胡錦濤 こきんとう　フー・チンタオ　Hu Jintao 1942年～

1985年	貴州省党委員会書記に就任。
1992年	中国共産党中央政治局常務委員に選出。
1998年	国家副主席に就任。
2003年	第10期全国人民代表大会で国家主席に就任。

温家宝 おんかほう　ウェン・チアバオ　Wen Jiabao 1942年～

1968年	甘粛省地質局に赴任。
1986年	胡耀邦によって党中央弁公庁主任に抜擢される。
1989年	天安門事件で学生と対話に向かった趙紫陽に同行。
2003年	第10期全国人民代表大会で国務院総理（首相）に就任。

写真提供：PANA通信社

37 アメリカとつながるワルの指導者たち

江沢民　曽慶紅

まだ生きている 上海閥=石油党=太子党 の悪人指導者(ワル)

江《こう》沢民《たくみん》は理想などもたない、秩序重視の小悪人だった。江沢民は、6・4事件（1989年の天安門事件のこと）のあと、保守派長老たちの支持と、アメリカの後押しを受けて一気に成り上がって総書記になった。

1995年から恩人の鄧小平の息子たちのビジネスを潰《つぶ》し始める。鄧小平は江沢民に敗北した。

現在の指導者である胡錦濤と温家宝は、13年間も江沢民の下で忍従しながらじっと堪えた。江沢民は、悪人であるからこそ本物の現実主義《リアリズム》の汚い政治家なのである。

この江沢民を支えたのが曽慶紅《そうけいこう》だ。極悪人の楊尚昆《ようしょうこん》（8大長老のひとり）を抱きこんで鄧小平と対立させて、中に割って入る形で鄧小平の力をそぎ、江沢民ひきずり降ろし策（1992年）を失敗させた。その結果、江沢民が1997年に勝利した。

上海閥が関わった アモイでの密輸事件

上海閥（幇、パン）は石油党＝太子党ともいう。巨万の富と私腹を肥やすためには何でもする人たちだ。　写真提供：PANA通信社

江沢民の息子の江綿恒が関係していた汚職事件（1999年に発覚した遠華事件）に曽慶紅も関わっていた。　写真提供：Getty Images

写真は1997年に訪米した際のロサンジェルスでの夕食会。左が江沢民、右が曽慶紅。興じて歌い出す。　写真提供：PANA通信社

１９９９年に発覚した福建省（台湾対岸にある省）の厦門（アモイ）での大規模な密輸事件（遠華《えんか》事件）には、江沢民の息子の〝太子党《タイツータン》〟（中国共産党の高級幹部の子弟たち）の頭目江《こう》綿恒《めんこう》が関係していた。さらに曽慶紅らもこの汚職に関わっていた。

江沢民、曽慶紅ら「上海閥」は、裏側で巨万の富と私腹を肥やすためには何でもするような人たちだ。裏で大きくアメリカのロックフェラー家（ゴールドマン・サックス）の支援を受けてきたし、自分たち自身が「石油党」でもあり、大きな資金を隠し持っているだろう。それゆえに、なかなか強力である。

PROFILE

江沢民 こうたくみん　チアン・ツォーミン　Jiang Zemin 1926年〜

1985年　上海市長に就任。
1989年　天安門事件で失脚した趙紫陽に代わり、鄧小平によって党総書記・中央政治局常務委員に抜擢される。
1993年　国家主席に就任。

曽慶紅 そうけいこう　ツォン・チンホン　Zeng Qinghong 1939年〜

1984年　上海市党委員会に赴任。
1993年　党中央弁公庁主任に就任。
2003年　国家副主席に就任。
2008年　正式に引退。後任の国家副主席に習近平が就任。

38 次の〝世界覇権国〟は中国である

習近平　李克強

写真提供：PANA通信社

中国の次の最高指導者の2人

「ワル」習近平《シー・チンピン》

「善人」李克強《リー・クーチアン》

写真提供(左右2点)：Getty Images

習《しゅう》近平《きんぺい》（国家副主席）は上海閥・太子党の若き頭目である。

父親の〝中共長老〟のひとり習《しゅう》仲《ちゅう》勲《くん》が文革で失脚し、自分も農村（出身の陝西省）で百姓をして苦労した、と言うが、親の七光りが効いたはずだ。

福建省長《しょうちょう》になって、アモイ密輸事件（遠華《えんか》事件）の〝摘発の拡大〟を上から押しつぶす任務を立派に果たして、江沢民らに可愛がられている。奥さんは、中国の有名な軍楽隊の美人歌手の彭麗媛《ほうれいえん》である。

それに対して李克強《りこくきょう》（国務院副総理）は、秀才でまじめな男だ。

それゆえに党内の保守派（腐敗して私利と蓄財にはげむ各省の地方幹部たち。大挙して存在する）ばかりでなく、人民解放軍の軍人たち（山賊たち）からもきわめて評判が悪い。李克強は若い頃、日本に来ると、小沢一郎の家に泊まっていたそうだ。

ワルの習近平を推す勢力とは？

「政治の本質は悪《あく》である」（マキアベッリ）

2012年に国家主席になる習近平（写真左）。上海閥に大事にされ、人民解放軍（山賊集団）に担がれる現実主義者。アモイ密輸事件摘発の拡大を上から押しつぶす任務を立派に果たして、江沢民らに可愛がられている。写真右は曽慶紅。　写真提供：PANA通信社

首相になる予定の李克強（写真左）は天安門事件（1989年）で、北京大学の同級生たちが多く弾圧された。李克強ら（共青団系）は、中国をデモクラシー（複数政党と普通選挙の国）に変えたい、と真剣に考えている。写真右は温家宝。　写真提供：Getty Images

李克強ら中国共産主義青年団派（団派《だんは》）は北京大出の秀才エリート集団であり、天安門事件（1989年）の時の民主化運動の学生たちの友人であり、彼らと気脈を通じている者たちだ。

何としても李克強を失脚させたい、として保守派（上海閥と人民解放軍）は今も動いている。さらにアメリカもこれに連携している。人民解放軍は、習近平が能なしであることを重々知っている。愚か者のほうが自分たちが操りやすい、と考えているのであろう。

軍人（戦争用公務員）というのはどこの国でも、この程度の愚か者集団である。

PROFILE

習近平　しゅうきんぺい　シー・チンピン　Xi Jinping 1953年～

2000年　福建省省長に就任。
2002年　浙江省党委書記に就任。
2007年　上海市党委書記に就任。
2008年　第11期全国人民代表大会第１回会議で国家副主席に選出。

李克強　りこくきょう　リー・クーチアン　Li Keqiang 1955年～

1999年　河南省省長に就任。
2004年　遼寧省党委書記に就任。
2007年　第17期１中全会で中央委員から政治局常務委員に当選。
2008年　第11期全国人民代表大会第１回会議で国務院常務副総理に選出。

39

ロシアが目指す〝新ユーラシア帝国〟

ウラジーミル・プーチン

ドミトリー・メドヴェージェフ

写真提供：PANA通信社

メドヴェージェフ
大統領と
プーチン首相

写真提供：Getty Images

ネオ・コーポラティズム Neo-Corporatism という言葉がある。これを、いちばん、手っ取り早く日本人が理解したければ、「開発独裁」とか「優れた独裁者国家」を類推すればよい。シンガポールのリー・クアンユーとか、マレーシアのマハティールとか、韓国の朴正熙《ぼくせいき》とか、台湾の李登輝《りとうき》を例に挙げればいい。彼らのような優秀な指導者が出てきて、資源と国民エネルギーとを上手に配分したら、その国は急速に豊かになれる。そうした新興国の開発独裁を、今、ブラジルやインドそして中国、ロシアが一生懸命やろうとしている。

ロシアのプーチンやメドヴェージェフこそは、ネオ・コーポラティズムの体現者だ。ひと言でいえばイタリアのムッソリーニの再来である。イタリアのファシズム運動こそはコーポラティズムだった。労働組合までも巻き込んだ国家体制づくりである。

プーチンの大戦略 パイプライン構想

プーチンはイタリアのベルルスコーニ首相とすごく親密だ。ロシアからイタリアを通って、地中海の海底に天然ガスと石油のパイプラインをつくる計画を進行させているようだ。アルジェリアだけでなくリビアのほうにも持っていくという構想で、反対にリビアからも石油が送られてくる。

地中海を横断して、北アフリカにまで天然ガスのパイプラインを通すという構想は、ロシアによるヨーロッパだけでなくアフリカまでをも取り込もうとする大戦略だ。だからそれをアメリカは阻止しようと思っている。ここに今の世界の駆け引きのひとつがある。

PROFILE ウラジーミル・ウラジーミロヴィチ・プーチン
Vladimir Vladimirovich Putin 1952年～

1999 年　ボリス・エリツィン大統領によって首相に任命。
同年、エリツィンの健康悪化により大統領代行。
2000 年　大統領選挙で当選。2004 年にも当選し 2 期目を務める。
2008 年　大統領を退任。新大統領メドヴェージェフから首相に指名。

ドミトリー・アナトーリエヴィチ・メドヴェージェフ
Dmitrii Anatolievich Medvedev 1965年～

1999 年　プーチンの首相就任に伴い連邦政府官房次長に就任。
2000 年　大統領府第一副長官。
2005 年　プーチンによって第一副首相に任命。
2008 年　大統領選挙に当選。ロシア第 3 代大統領に就任。

“2人だけの濃密な時間”を過ごしているそうだ…

2004年8月14日、ロシアのソチ市を訪れ、保養地を散歩するプーチンとメドヴェージェフ。ロシア国民（特に老人たち）を食べさせることで人気のある2人。やっぱりプーチン（KGBあがり）のほうが上だ。しかし、メドヴェージェフを支える幹部たちはリベラル志向である。

写真提供（上下２点）：PANA通信社

2009年8月3日、夏の休暇でクイズイルの町を訪れ、馬に乗って鍛えた体を見せびらかすプーチン。

40 大きく隆盛するブラジルとインド

ルーラ・ダ・シルバ
マンモハン・シン

ブラジルとインド——新興大国の優れた指導者たち

2016年にリオでオリンピックが開催される。ブラジルは今から大国になる。ブラジルの指導者であるルーラ・ダ・シルバ大統領は靴磨き少年から労働組合の幹部になり、人望で大統領にまでなった人物である。骨のある政治家だ。

私、副島隆彦《そえじまたかひこ》は、初めからずっと、ブラジル（リオデジャネイロ）がオリンピック開催地競争に勝つと予測していた。南米で初めて（中南米ならメキシコがある）のオリンピックを、急激に豊かになっている貧乏大国の、しかし大いなる新興4大国（BRICs《ブリックス》）の一国にやらせて花を持たせるというのが、人類の発展にとって一番いいことなのだ。

貧乏人層を上へ引き上げる

今は、ひたすら経済成長モデルに従い、国を富ませて貧乏な国民をなんとか満足に食べさせること。これが今の新興4大国の総戦略である。だから戦争などしない。

写真提供：Getty Images

中国に以前からじわじわと領土を崩され、インド洋のほうも脅かされる。それでも賢くふるまって戦争などしない。国を経済成長させなければ……。ただパキスタンとの仲が心配。写真左にいるソニア・ガンジー（イタリア女性）が後ろから支えている。

靴磨き少年から労働組合の幹部になり、人望で大統領にまでなった。骨のある政治家・シルバ。2016年には、リオでオリンピックが開催。ブラジルは今から大国になるだろう。

写真提供：Getty Images

PROFILE マンモハン・シン
Manmohan Singh 1932年～

1991年　国民会議派のナラシンハ・ラーオ政権で大蔵大臣に就任。
2004年　総選挙で人民党を破って第一党になった国民会議派党首のソニア・ガンジーによって首相に指名される。
2009年　総選挙で勝利。第二次政権をスタートさせる。

ルイス・イナシオ・ルーラ・ダ・シルバ
Luiz Inacio "Lula" da Silva 1945年～

1994年　ブラジル大統領選挙に出馬。社会民主党候補に敗れる。
1998年　再び大統領選挙に出馬。社会民主党候補に敗れる。
2002年　社会民主党候補を破り大統領に選出。翌年の元日より就任。
2006年　大統領選で再選され、任期を2011年の1月1日にまで延ばす。

インドは野党の人民党が、与党である国民会議派への対抗で、対パキスタンの戦争煽動《せんどう》をやりたくて仕方がない。しかし優れた指導者であるマンモハン・シン首相（ソニア・ガンジー党首が、後ろから支えている）は賢くふるまって戦争などしない。

とにかくインドはあまりにも生活水準が低い。貧乏人層（ダリット層、被差別民）を上に引き上げないといけない。生来、素質のある優秀な子供たちに最低限の教育を与えて、這《は》い上がるチャンスを与えなければいけないとわかっている。だからすこしぐらい国境線を中国にかじられて押されてきても、じっと我慢している。

41

G20（ジー・トゥエンティ）

世界はアメリカを見捨てつつある

写真提供：Getty Images

ピッツバーグ・サミット（2009年9月25日）

G20の1〜20の数字は G（グループ）での 序列を示している

G20（ジー・トゥエンティ）はG7の後継としてアメリカが画策した拡大路線。しかし、もうアメリカの指導力は衰退している。このうちのBRICs（ブリックス）に注目。なぜか、20番目の韓国が必ず前列にいる。日本はNo.5なのに、いつもビリケツ扱い。G8（8番目）であるロシアはずっと不愉快だった。金融の会議には入れてもらえなかった。ずっとオブザーバー扱いのG9（9番目）の中国も不愉快。だから、G20は何も実質的に決められない。

今、密かに進行しつつある世界の動きは、アメリカが衰退、没落していくさまをじっと見つめている世界各国の指導者たちによる連携の動きである。

この動きはなかなか鮮烈なものである。南米諸国で顕著に見られる。西半球（セミスフィア、南北アメリカ大陸）の次の新しい盟主の座を目指して、ブラジルが台頭している。アルゼンチンとブラジルとチリのABC3国は、ベネズエラのチャベス大統領を尖兵《せんぺい》にして、この動きを加速している。

当然、ロシアのプーチン首相、メドヴェージェフ大統領と、イタリアのベルルスコーニ首相がどんどん関係を深めている。カスピ海（バクー油田）の天然ガスのヨーロッパへの輸送網の問題がある。フランスのサルコジもかんでいる。ドイツのメルケルもこの動きに追随する。

今やアメリカは被告席に座る身

G1	G2	G3	G4	G5	G6	G7	G8	G9	G10	G11	G12	G13	G14	G15	G16	G17	G18	G19	G20
アメリカ	イギリス	フランス	ドイツ	日本	イタリア	カナダ	ロシア	中国	インド	ブラジル	オーストラリア	サウジアラビア	スペイン	メキシコ	オランダ	南アフリカ	インドネシア	トルコ	韓国
オバマ大統領	ブラウン首相	サルコジ大統領	メルケル首相	鳩山首相	ベルルスコーニ首相	ハーパー首相	メドヴェージェフ大統領	胡錦濤国家主席	シン首相	ルーラ大統領	ラッド首相	サウド・ファイサル外相	サパテロ首相	カルデロン大統領	バルケネンデ首相	ズマ大統領	ユドヨノ大統領	エルドアン首相	李明博大統領

その他の諸国と組織												
アルゼンチン	スウェーデン	ASEAN	ILO	NEPAD	OECD	EU	IMF	世界銀行	FSF（金融安定化フォーラム）	WTO	国連
フェルナンデス大統領	ラインフェルト首相	アビシット首相（タイ）	ソマビア事務局長	ゼナウィ首相	グリア事務総長	バローゾ委員長	ストロスカーン専務理事	ゼーリック総裁	ドラギ議長（イタリア中央銀行総裁）	ラミー事務局長	潘基文事務総長

中国とロシアは戦略的に組んでいる。これにインドも乗っている。アラブの産油国諸国もこれに加わっている。その他の国々もじわじわとアメリカを見捨てつつある。「アメリカ処分案《ディゾルヴド》」を、世界は共同して話し合い始めているのである。アフリカ諸国もこれに加わる。

世界の金融・貿易・資金決済の秩序を守るために、当然しなければならない話し合いだ。その場合、NY発の金融恐慌を引き起こしたアメリカは被告席であって、他の国々と対等の席には座れないはずだ。これが国際社会で進行している合意だ。日本は、そろそろアメリカの下僕《げぼく》、家来であることをやめて、世界が向かうほうに加わらなくてはならない。

COLUMN 金融サミット・G20

G20とは、世界経済の主要20カ国と地域の首脳陣が一堂に会して行なわれる会合。別名、金融サミット。構成国は日本、米国、英国、フランス、ドイツ、イタリア、カナダ、ロシアの8カ国（G8）に加えて、欧州連合および、中国、インド、ブラジル、アルゼンチン、韓国、オーストラリア、メキシコ、トルコ、インドネシア、サウジアラビア、南アフリカ共和国の新興経済国11カ国を加えた20カ国。また、G20には国際通貨基金、世界銀行、国際エネルギー機関、欧州中央銀行などの国際機関も参加している。G8の機能は実質的にG20に引き継がれている。

これまでに3回開催され、第1回はワシントンD.C.（2008年11月）。第2回はロンドン（2009年4月）。第3回はピッツバーグ（2009年9月）。およそ半年に1回の定例開催が約束されている。

国際通貨体制はやがてコモディティ・バスケットという新しい通貨体制に移行する。石油以外にも、天然ガス、非鉄、金属、レアメタル、食料品などを全部入れて担保する世界通貨体制ができるだろう。

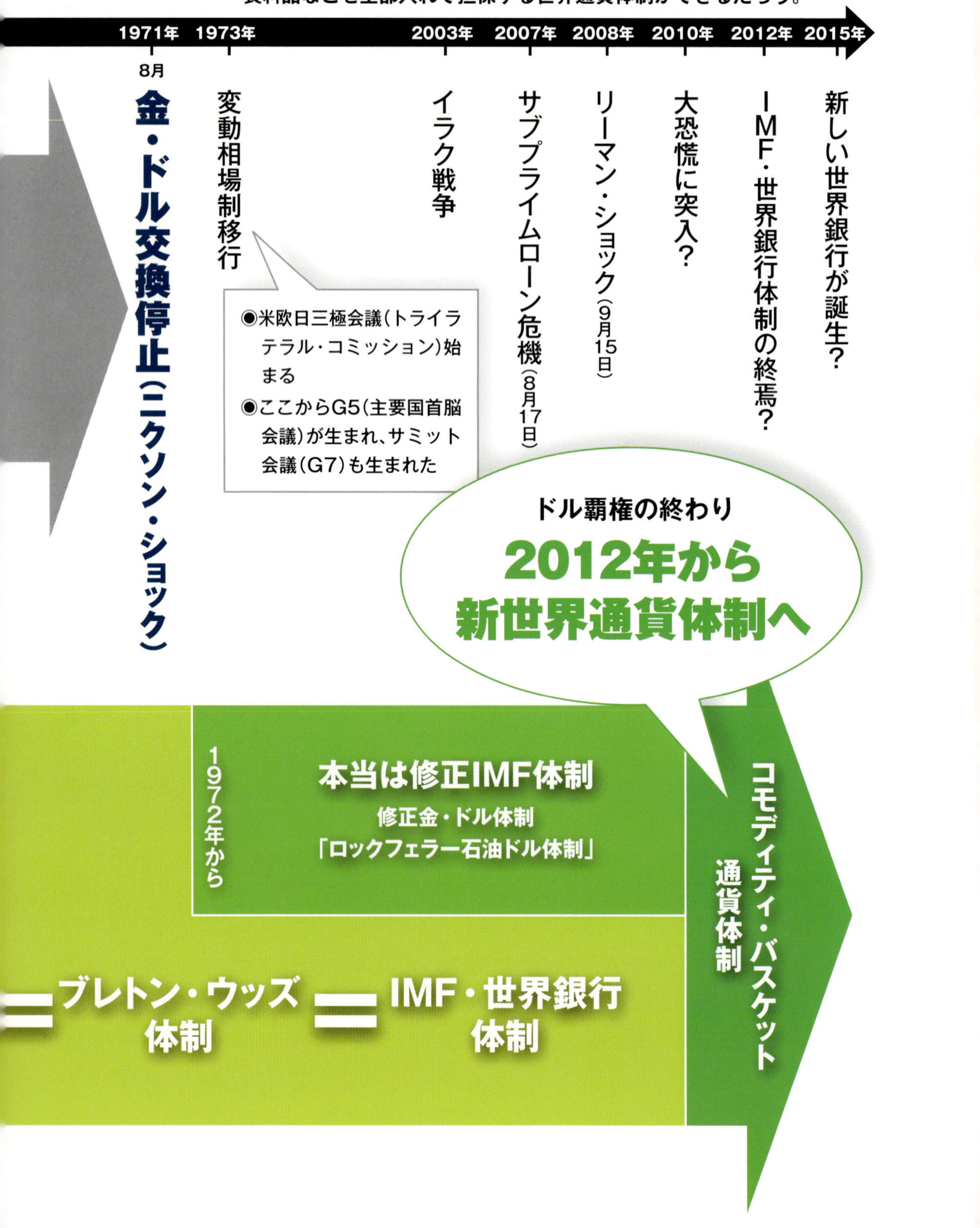

◆ 国際通貨体制の歴史

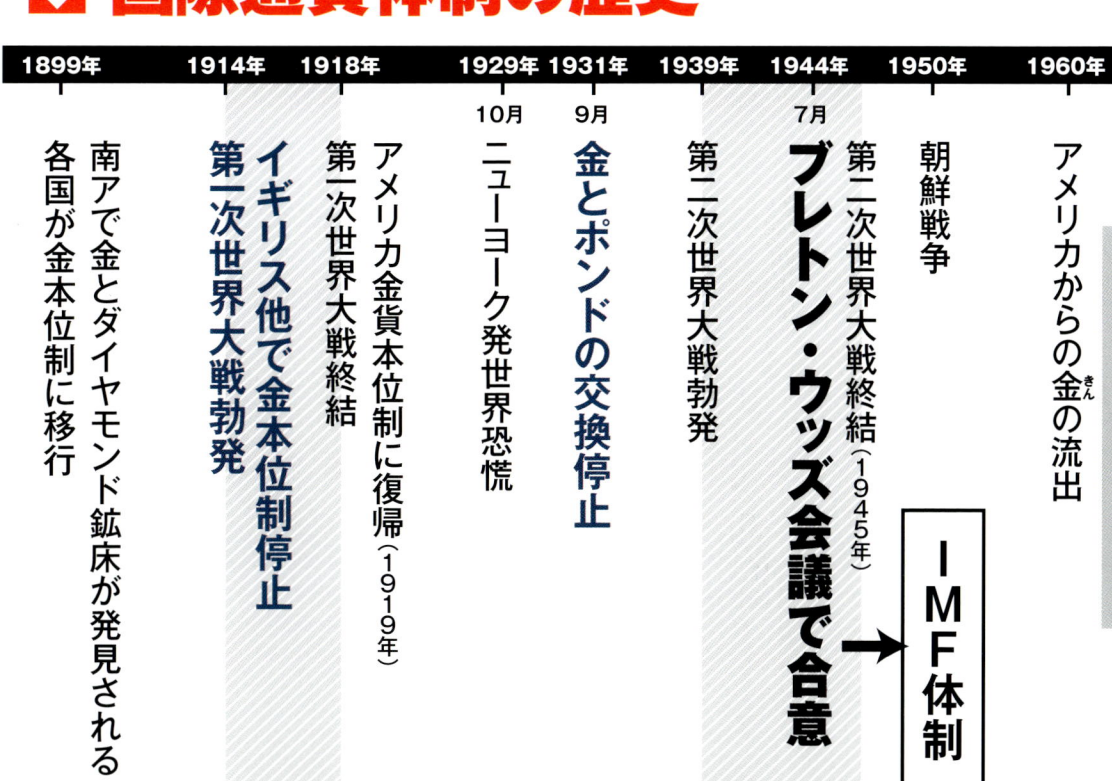

1899年		南アで金とダイヤモンド鉱床が発見される 各国が金本位制に移行
1914年		**イギリス他で金本位制停止** **第一次世界大戦勃発**
1918年		第一次世界大戦終結 アメリカ金貨本位制に復帰（1919年）
1929年	10月	ニューヨーク発世界恐慌
1931年	9月	**金とポンドの交換停止**
1939年		第二次世界大戦勃発
1944年	7月	**ブレトン・ウッズ会議で合意** → IMF体制 第二次世界大戦終結（1945年）
1950年		朝鮮戦争
1960年		アメリカからの金《きん》の流出

大英帝国を中心とした
スターリング・ポンド体制
（金本位制→金為替本位制）

アメリカ帝国を
中心とする
金・ドル
体制

42

欧州の中心である3カ国の指導者たち

ニコラ・サルコジ
アンゲラ・メルケル
ゴードン・ブラウン

ニコラ・サルコジ大統領（フランス）

ハンガリー系のユダヤ人で、フランスの経営者たちの団体をまとめ上げて這い上がってきた。モデル上がりのカーラ・ブルーニをコンパニオンにしている。2008年には、「ドルはもはや基軸通貨ではない」と発言した（11月13日）。

アンゲラ・メルケル首相（ドイツ）

旧東ドイツ出身のプロテスタント。国際金融資本の後押しを受けてキリスト教民主同盟（CDU）で党首となる。2005年にシュレーダー首相（ロスチャイルド系）のドイツ社会民主党（SPD）を破り、初の女性首相となった。

写真提供（上2点）：Getty Images

写真提供：Getty Images

ゴードン・ブラウン首相（イギリス）

ロックフェラー財閥の家来だった前任者のトニー・ブレア（“ブッシュのプードル”と揶《や》揄《ゆ》された）と違って国内のロスチャイルド系（愛国派）。高校時代に網膜剥離で左目を失明、現在は義眼を用いる。2009年頃からの支持率急落で、危うい政権運営を余儀なくされている。

2009年4月2日に開催されたG20《ジー・トウェンティ》金融サミットでは、ヨーロッパは、少なくとも10兆ドル（1000兆円）の財政出動の実施を求められた。EU（欧州連合）全体のGDP（国内総生産）は、アメリカ（15兆ドル）を上回った。

これに対して、フランスのサルコジ大統領と、ドイツのメルケル首相らが「そのような出費にはヨーロッパは耐えられない」と反対した。が、最終的にはアメリカの要求をのまされた。

サルコジとメルケルはアメリカによって選ばれた指導者たちで、ロックフェラー系である。しかし少しずつ反米に傾きつつある。

イギリスの前首相だったトニー・ブレアは〝日本の小泉並み〟のロックフェラーの下僕だが、現在のゴードン・ブラウン首相はロスチャイルド系だ。

アメリカの意図を見透かす欧州

フランスとドイツは、戦争を繰り返してきた。しかし2006年から共通の歴史教科書を作り上げるなど、共同歩調を取りだした。

もう戦争はしない。イギリス、イタリアもこの動きだ。アメリカの悪巧みに欧州全体で対抗している。

アメリカとしては、ヨーロッパに大規模な財政出動政策を強いて、ユーロの信認を弱体化させたい。米ドルの暴落が避けられず、あと3年で米ドルの基軸通貨（キー・カレンシー）体制は終わる。ユーロはその対抗馬になると期待されたが、BRICs（新興4大国）に席を譲りつつある。ヨーロッパ側はこのアメリカの策略を見透かしている。

PROFILE アンゲラ・ドロテア・メルケル
Angela Dorothea Merkel 1954年～

1998年にキリスト教民主同盟（CDU）幹事長。2000年からCDU党首。2005年11月から連邦首相。2009年10月より2期目の連邦首相。

ニコラ・ポール・ステファヌ・サルコジ・ド・ナジ=ボクサ
Nicolas Paul Stephane Sarkozy de Nagy-Bocsa 1955年～

2002年にシラク政権で内務大臣に任命。2004年に財務大臣。同年に国民運動連合党首。2005年に内務大臣に再任。2007年大統領に選出。

ジェームズ・ゴードン・ブラウン James Gordon Brown 1951年～

1983年から労働党下院議員。1997年からトニー・ブレア政権で財務相を10年間務める。2007年から首相に就任。

43

EU《イー・ユー》(欧州連合)は帝国になれるか

ジョゼ・マヌエル・バローゾ

ジャン=クロード・トリシェ

ドミニク・ストロスカーン

バローゾEU(欧州連合)欧州委員会委員長

ポルトガルの元首相。若い頃は毛沢東主義の学生運動リーダーだった。1980年に中道右派政党である社会民主党(PSD)に入党。2004年11月から、欧州連合の欧州委員会委員長となる。

トリシェECB(欧州中央銀行)総裁

“高級官僚のパスポート”といわれるフランス国立行政学院ENA《エナ》を卒業したエリート官僚そのものの男。ジスカール・デスタン大統領の補佐官などをして、1993年、フランス中央銀行総裁に就任。2003年から、第2代の欧州中央銀行(ECB)総裁。

写真提供(上2点):Getty Images

統一通貨ユーロをつくったEU《イー・ユー》（欧州連合）は、アメリカの世界一極支配に対して対決するという優れた意味を持つ。そしてEUはリージョナル・ヘジェモニー（地域覇権）にはなった。しかし、ヨーロッパ人は、もう支配と征服（侵略戦争）をする気がない。

第一次世界大戦と第二次世界大戦で、ヨーロッパ全土は爆撃を受けてガレキの山となった。二度も焼け野原になったヨーロッパに悪巧みがあったはずがない。大きな悪巧みは生産設備を全部残していたアメリカのほうにあった。すなわち2つの世界大戦は、アメリカ・ロックフェラー財閥が仕組んだものだった。

新興石油財閥であるロックフェラー家の目的は、ヨーロッパを戦場にすることで、世界覇権をロスチャイルド財閥から奪い取ることだった。

そして、ヨーロッパ製造業の中核だったドイツを「ユダヤ民族抹殺を企《たくら》んだ犯罪民族」に仕立てることで分断し、ヨーロッパが大同団結してアメリカに挑戦することを阻止した。さらに北にソビエト・ロシアをつく作って操り、ヨーロッパを威圧した。

ヨーロッパはもう騙されない

ヨーロッパは、もうアメリカ（ロックフェラー家）に騙《だま》されない、と決意した。だからBRICsと組んでアメリカ帝国の没落を冷ややかに見つめる方針だ。それでもヨーロッパは年率8％保証みたいなアメリカのデリバティブ（金融時限爆弾）を山ほど買い込んでいる。これがやがて爆発する。しかしヨーロッパ人は近代人（悪賢い）だから、居直ってチャラにするはずだ。

写真提供：Getty Images

ストロスカーン IMF（国際通貨基金）専務理事

財政再建至上主義と揶揄《やゆ》されるIMF（IMF=It's mostly fiscal.「常に財政再建」）の専務理事にも関わらず、2008年1月のダボス会議では「世界各国が財政出動すべきである」と発言して世界中を驚かせた。

PROFILE

ジョゼ・マヌエル・バローゾ Jose Manuel Barroso 1956年～

1999年に社会民主党（PSD）の党首に就任。2002年4月から2004年6月までポルトガル首相。2004年11月より、欧州連合の欧州委員会委員長。

ジャン=クロード・トリシェ Jean-Claude Trichet 1942年～

フランス大蔵省を経てパリ・クラブ議長などを務める。1993年からフランス中央銀行総裁。2003年からECB（欧州中央銀行）総裁。

ドミニク・ストロスカーン Dominique Strauss-Kahn 1949年～

1997年から1999年にかけてフランス経済財政産業大臣を務める。その後パリ政治学院で経済学の教鞭をとる。2007年にIMF専務理事就任。

第4章

とネオコン

写真提供：Getty Images

激しく闘ってきた
ポピュリスト（アメリカ民衆主義者）と
グローバリスト（地球支配主義者）

米国保守

世界に単一的価値を押し付ける「地球支配主義（グローバリズム）」。
これと激しく闘う「アメリカ民衆主義（ポピュリズム）」。
アメリカ政治思想において重要なこの2つの潮流を
人物たちから読み解く！

写真提供：Getty Images

写真提供：Getty Images

写真提供：Getty Images

44 ロン・ポール “ドル覇権の終焉”を予言した下院議員

ロン・ポールは、グローバリスト（地球支配主義者）と、アメリカ国内で徹底的に闘う立場の人である。この世を悪賢く金融の力で握り締め、世界中を苦しめているNY《ニューヨーク》の金融財界人、国際金融資本家（インターナショナル・キャピタリスト）たちと闘う政治家である。今、ネットの力で、アメリカの若者たちに人気がでている。

彼は、アメリカ民衆の泥くさい保守の思想である、リバータリアニズムを、骨の髄から信じて実践している。リバータリアニズム（Libertarianism）とは「一切の綺《き》麗《れい》事を言わない思想」である。綺麗事から一番、遠い政治思想である。

反・過剰な福祉、反官僚制、反税金、市場重視の保守的な政治思想でありながら、徹底的に反戦平和である。アメリカの開拓農民魂を体現する思想だ。

だから、「自分の自由は、自分で守る」と、銃で自衛する権利を主張する。メキシコ国境から、貧乏なラ

アメリカの本物の民衆保守の思想家ロン・ポール

ロン・ポールは、2008年、アメリカ合衆国大統領選挙への出馬を表明。写真は、2007年11月28日に行なわれたテレビ討論会の様子（写真左はジョン・マケイン上院議員）。翌年1月30日に行なわれた共和党大統領立候補者のディベートにも参加し、各メディアに取り上げられ話題となったが、泡沫候補扱いを受けた。

写真提供：Getty Images

「金融危機の元凶・FRBから銀行監督権を奪い取れ」

「FRBの会計帳簿を公開せよ。FRBを議会の監督下に置け」という法案を、ロン・ポールは出している。

写真提供：Getty Images

テンアメリカ人が不法に流れ込んでくることにも反対する。

言葉にウソがないリバータリアン

ロン・ポールの言葉には、ウソがない。本当の愛国者とか、民衆主義者（ポピュリスト）というのは、彼のような人を言うのだ。日本人はポピュリズムの真の意味がわかっていない。

アメリカには、ロン・ポールのようなすばらしい〝草の根（グラス・ルーツ）〟の政治家がいることを、日本国内に広めなければならない。彼のような、優れたアメリカ人たちに学ぶことはたくさんある。

PROFILE ロナルド・アーネスト“ロン”ポール
Ronald Ernest "Ron" Paul 1935年〜

1935年	ペンシルベニア州ピッツバーグ近郊で生まれる。
1961年	医学博士の学位を取得。
1963年	研修医の傍ら、1968年まで空軍基地の航空医官、空軍州兵に従事。その後、産婦人科医として働く。
1971年	8月15日のニクソン・ショックを機に政界入りを決心。
1974年	共和党議員として下院に立候補するも落選。
1978年	共和党議員として下院に初当選。以降、1980年と1982年の選挙で再選される。
1988年	アメリカ合衆国大統領選挙へアメリカ・リバータリアン党としての出馬するが3位に終わる。
1996年	共和党議員として下院に再当選。
2007年	2008年アメリカ合衆国大統領選挙への再度出馬を表明。

〝地球支配主義者《グローバリスト》〟と闘った立派な人たち

ヒューイ・ロング

チャールズ・リンドバーグ

ポピュリズムとはグローバリズムと闘う思想

アメリカ民衆の英雄 ヒューイ・ロング

populism（ポピュリズム）と草の根（グラス・ルーツ、grass roots）は同じ意味だ、ワシントン（政治）を牛耳る者たちに反抗するアメリカの保守的な民衆の運動である。ヒューイ・ロング上院議員（ルイジアナ州知事）は大統領になろうとしたが1935年に暗殺された。フランクリン・D・ルーズベルト（ロックフェラー家に操られていた）が大統領を続けた。

ポピュリズムが正しい！ 日本のポピュリスト、田中角栄

田中角栄こそ真の民族主義政治家であり、日本のポピュリストである。田中角栄をあのロッキード事件の謀略で倒したのはネルソン・ロックフェラーの子分たちである。田中角栄は「ネルソンにやられた」と外国人記者クラブで叫んだ。

写真提供：Getty Images

「アメリカ・ファースト！（アメリカ国内問題を優先せよ）」と言った人

ワシントン（政治）とニューヨーク（経済）を実質的に握り締めて、形式だけのデモクラシーを国民に押し付けているアメリカの真の支配階級と激しく対立し、本当のデモクラシーを実行しようと中央政界に乗り込んでいった人物たちのことをポピュリストという。

ポピュリストを「大衆迎合主義者」などと訳すのは大間違いである。知能が足りない。

アメリカのポピュリストの英雄は、ヒューイ・ロングである。ルイジアナ州知事から上院議員となり、上院で、激しい演説を繰り返して、「ロックフェラー家を筆頭とするNYの石油・金融財閥が、アメリカの本当のデモクラシーを、巧妙に簒奪《さんだつ》している」と暴きたて、正面からなにひるむことなく闘った。

ヒューイ・ロングはこのあと暗殺された（1935年）。彼こそはアメリカの本物の泥くさい民衆政治家だ。日本でいえば、田中角栄だ。

アメリカ国内の問題を優先せよ

ポピュリズムと同じ性質の「アンチ・グローバリズム」の思想が、アイソレーショニズムである。日本では「孤立主義」と誤って理解される。正しくは「アメリカ国内問題優先主義」と訳すべきである。「アメリカ・ファースト！」という〝空の英雄〟リンドバーグが作った言葉がある。それは「アメリカが一番」という意味ではなく、外国のことよりアメリカの国内問題を優先せよという思想である。アイソレーショニストは、アメリカは世界を支配すべきではないという立場である。パット・ブキャナンたちがその後継者だ。

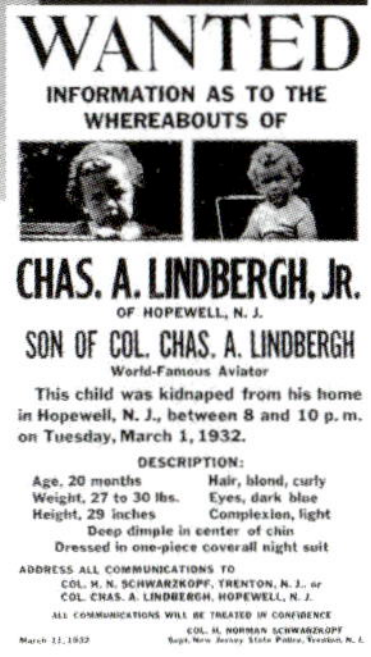
WANTED

INFORMATION AS TO THE WHEREABOUTS OF

CHAS. A. LINDBERGH, JR.

OF HOPEWELL, N. J.

SON OF COL. CHAS. A. LINDBERGH

World-Famous Aviator

This child was kidnaped from his home in Hopewell, N. J., between 8 and 10 p. m. on Tuesday, March 1, 1932.

DESCRIPTION:

Age, 20 months — Hair, blond, curly
Weight, 27 to 30 lbs. — Eyes, dark blue
Height, 29 inches — Complexion, light
Deep dimple in center of chin
Dressed in one-piece coverall night suit

ADDRESS ALL COMMUNICATIONS TO
COL. H. N. SCHWARZKOPF, TRENTON, N. J., or
COL. CHAS. A. LINDBERGH, HOPEWELL, N. J.

ALL COMMUNICATIONS WILL BE TREATED IN CONFIDENCE

March 11, 1932

COL. H. NORMAN SCHWARZKOPF
Supt. New Jersey State Police, Trenton, N. J.

リンドバーグの父は、ミネソタ州選出の下院議員で FRB法案（グローバリストが中央銀行を支配するための法案）に強固に反対した人物。リンドバーグ自身も偉い人物だった。だから子供が誘拐され殺されるというひどい目にあった。（右は誘拐されたリンドバーグの子供の情報提供を呼びかけるポスター）

パット・ブキャナン

言論人パット・ブキャナンはアイソレーショニスト（アメリカ国内問題優先主義者）で反グローバリストだ。だが、すでに力尽きて、ただのアメリカ右翼になりつつある。

写真提供：Getty Images

PROFILE

ヒューイ・ピアース・ロング・ジュニア
Huey Pierce Long, Jr. 1893〜1935年

1928年　ルイジアナ州知事を務める（1932年まで）。
1932年　米上院議員になる。1934年には「富の共有運動」と呼ばれる、所得再分配を評価する運動を作りあげる。
1935年　ルイジアナ州議会議事堂で銃弾を浴び、2日後に死亡。

チャールズ・オーガスタス・リンドバーグ
Charles Augustus Lindbergh 1902〜1974年

1927年　大西洋単独無着陸飛行を成功させる。
1932年　愛児の誘拐事件が起き、1歳8カ月の息子が殺される。
1941年　民間人航空家として太平洋戦争に協力（1944年まで）。
1974年　ハワイにある別荘にて死去。

46

ウィリアム・ジェニングス・ブライアン

“ポピュリズム”を正しく理解せよ

ポピュリズム（アメリカ民衆主義）の体現者として、アメリカ国民に絶大な人気があった政治家がウィリアム・ジェニングス・ブライアンである。ブライアンは米大統領選挙に、民主党の大統領候補者として3回も挑んだ。

　ブライアンが育てたウッドロー・ウィルソンが1913年に第28代アメリカ合衆国大統領になると、ブライアンは自ら国務長官の職に就いた。ところが、ウィルソンは大統領になった途端、ロックフェラー家の子分になり下がった。

　ウィルソンは、ネルソン・オルドリッチ議員（ロックフェラー家の盟友）が提出した「アメリカに中央銀行を作る法案」を強引に可決させた（米中央銀行ＦＲＢ《エフアールビー》の株式はロックフェラーら当時の7大銀行家がすべて握った）。

　これにブライアンらは強く反対した。ブライアンは「金《きん》と銀《ぎん》の裏づけのない紙幣は必然的にインフレを生みだす。国民生活を危機に陥れる」と主張した。法案（ＦＲＢ設立法案）は、

Monkey Trial《マンキー・トライアル》（進化論裁判）で憤死（1925年）

アメリカ各州の公立学校教育の場で進化論を教えることを禁止する法律（反進化論法）に対して、1925年に起こされた裁判が「マンキー・トライアル（進化論裁判）」。ブライアンは長老教会派の敬虔な信仰者で、検察側の代表として出廷。この裁判のあと急死した。ブライアンのほかの、多くの立派なポピュリストたちもやがて殺されていった。 写真提供：Getty Images

ブライアンを裏切ったウッドロー・ウィルソン第28代アメリカ合衆国大統領（Woodrow Wilson, 1856～1924年）

プリンストン大学学長だったウッドロー・ウィルソンは大統領になるや、ロックフェラー財閥の子分になり下がって、米国政治を変質させて、FRB設立法を作った。

1913年におかしなやり方で成立した。

ウィルソンと対立し国務長官を辞任

翌年に第一次世界大戦が勃発した。ブライアンは、〝ルシタニア号撃沈事件〟（1915年。これは86年後の〝9・11事件〟とそっくりの謀略。戦争煽動である）をきっかけに欧州戦線に参戦しようとするウィルソンと対立して、国務長官を辞任した。

ブライアンこそは本物の立派なアメリカ白人である。彼は、「農民が銀貨《シルバーコイン》を自由に鋳造できる運動」を指導した。

PROFILE ウィリアム・ジェニングス・ブライアン
William Jennings Bryan 1860～1925年

1860年	イリノイ州に生まれる。
1896年	民主党議員として大統領選出馬。銀の自由鋳造運動を展開するも敗れる。
1900年	2回目の大統領選。反帝国主義運動を展開するも敗れる。
1908年	3回目の大統領選。反トラスト運動を宣伝するも敗れる。
1913年	ウッドロー・ウィルソン大統領により国務長官に任命。以降、独占資本主義に対する彼の社会改革案である所得税法（累進課税）、婦人参政権、禁酒法、上院議員の直接選挙制、選挙資金公表義務法などが実現される。
1915年	ドイツ潜水艦による客船ルシタニア号撃沈の際の対独方針で大統領と見解を異にしたため辞任。
1925年	進化論裁判に出廷。その後急死。

写真提供(下２点)：Getty Images

47

ディック・チェイニー
ドナルド・ラムズフェルド

イラク戦争を主導した戦争の犬《ウォー・ドッグス》

ブッシュ政権時代に、「アメリカに迫り来る大不況を戦争で吹き飛ばせ」という考えで動いていたのが、ディック・チェイニー前副大統領と、国防長官をしていたドナルド・ラムズフェルドである。

２人はデイヴィッド・ロックフェラーの手足である。この30年以上もの間、一体となって動いてきた大ワルたちだ。

ディック・チェイニーはロックフェラー財閥の〝旗艦〟である米石油メジャーのエクソン・モービル社と関係の深い、軍需会社のハリバートン社のＣＥＯ（最高経営責任者）だった。チェイニーは大学時代から、右翼の学生運動家だった。

このチェイニーが、毎日のようにブッシュを怒鳴りつけて、世界経営（世界支配）を実質的に執行・運営してきた。そしてネオコン派の総帥としてイラク戦争を主導した。

ラムズフェルドは何でもやる御庭番

どんな汚いことでもやる人たち

写真提供：Getty Images

ボンクラ大統領のブッシュを支えていたラムズフェルド（写真左）とチェイニー（写真中央）。ラムズフェルドは巨大製薬会社サールのトップを、チェイニーは軍需企業のハリバートン社CEOを務めていた。共にデイヴィッド・ロックフェラー直系企業である。

歴代の大統領たちを身動きできないようにしてきた２人。写真はフォード政権下の首席補佐官のラムズフェルド（左）と首席補佐官補のチェイニー（右）。中央はジェラルド・フォード大統領。

ドナルド・ラムズフェルドは、イリノイ州（シカゴ近辺）の下院議員をやった後に、ニクソン政権の首席補佐官と国防長官をやっている。

ラムズフェルドの経歴の中の、大統領諮問委員会の長のひとつが、「戦略爆撃と宇宙」を管轄とするものだ。

ラムズフェルドが37歳の時、１９６９年７月のアポロ11号の月面着陸という捏造《ねつぞう》が、彼の指揮下で行なわれた。

ラムズフェルドは、デイヴィッド・ロックフェラーの直属の忠臣の〝御庭番〟でそれこそ何でもやる。

１９７８年にネルソン・ロックフェラーを薬物で殺したのもラムズフェルドだと噂されている。

PROFILE

リチャード・ブルース“ディック”・チェイニー

Richard Bruce "Dick" Cheney 1941年　～

1974年　フォード政権下で史上最年少の米合衆国大統領首席補佐官。
1990年　父ブッシュ政権で米国防長官。湾岸戦争を主導する。
1995年　ハリバートン社の経営にCEOとして参加（2000年まで）。
2001年　ブッシュ政権下で副大統領となる。

ドナルド・ヘンリー・ラムズフェルド

Donald Henry Rumsfeld 1932年　～

1969年　ニクソン政権で大統領補佐官などを務める。
1975年　フォード政権で米国防長官に就任（史上最年少の43歳）。
1977年　製薬会社G.E.サール社に迎えられ1985年まで経営トップに。
2001年　ブッシュ政権で米国防長官に就任（史上最年長の68歳）。

48 今や落ちぶれたネオコン思想家たち

フランシス・フクヤマ

ポール・ウォルフォウィッツ

リチャード・パール

ジョン・ボルトン

エリオット・エイブラムス

写真提供：Getty Images

1952年生まれ。マイノリティ（被差別人種）の日系人であるがゆえに、ネオコン思想家として這い上がるしかなかった。『歴史の終わり』（1989年刊）は大作である。

1943年生まれ。ブッシュ政権時代の国防副長官。2003年10月のイラク滞在時にホテルへロケット砲を撃ち込まれて腰をぬかした。2005年から2007年にかけて世界銀行総裁になったが女性スキャンダルで追われた。

写真提供：Getty Images

ネオコン派Neo-conservativesとはアメリカの軍事力にものを言わせて、自分たちの身勝手な「一種の世界革命思想」の実行を唱えた元左翼知識人たちである。

彼ら狂暴なネオコン派は、アメリカ的な価値観を、「アメリカ人の生活文化が理想の生活である」として、世界中に強制することによって、各民族の生き方とそれぞれの国民文化（カルチャー）を破壊し、単一、単調の文化（モノ・カルチャー）の世界を建設することを目指した。それをもって、「世界人類の理想社会の建設が行なわれ、実際に、人類の理想が達成されるのである」と考えた。これがネオコン思想だ。

イラク戦争はネオコンの実験場

それを、一番、上手に表現したのが、日系の政治学者のフランシス・フクヤマの『歴史の終わり』という書物である。フクヤマもネオコン思想に所属している。

この「歴史の終わり」という考え方は、「世界中でアメリカ・西欧型の近代政治体制が完成し、それをもって、5000年前から興った人類（人間）の文明の歴史の前半分が終了して、これからは後半部が始まる。それは、もとより、ヨーロッパで生まれアメリカで完成した政治体制とライフ・スタイル（生活様式）の世界中への広がりである」という統一的な世界観である。

このネオコン思想は、イラク戦争を自らの思想（学問）の実験場として実施させた。そしてもろくも大失敗に終わった。

1941年生まれ。ネオコンの闘将。ブッシュ政権時に国防政策諮問委員会の委員長（2001年から2003年まで）を務める。“The Prince of Darkness（暗黒の王子）”と呼ばれた。

写真提供：Getty Images

1948年生まれ。ブッシュ政権時の軍備管理・国際安全保障担当・国務次官。2005年から2006年にかけてアメリカの国連大使。

写真提供：Getty Images

写真（下）：http://www.cfr.org/より

1948年生まれ。ブッシュ政権で国家安全保障会議（NSC）上級部長。ネオコンのバイブル『コメンタリー』誌元編集長ノーマン・ポドレツの娘婿。

対策班

世界帝国アメリカの尖兵として

属国・日本の政・官・財・学・マスコミ界を、思うがままに動かしてきた

日本操り対策班たち(ジャパン・ハンドラーズ)。

その正体を暴き、数々の悪行を告発する。

写真提供：Getty Images

写真提供：Getty Images

第5章

日本操《あやつ》り

写真提供：Getty Images

属国・日本を狙い撃ちする帝国の手先ら

写真提供：Getty Images

49

ロバート・ゼーリック

中川昭一朦朧《もうろう》会見を仕組んだ男

ロバート・ゼーリックは竹中平蔵を操ったひとりでもある。ブッシュ前政権では国務副長官だった。国務長官になろうとしていたが、中国でハニー・トラップ（女性問題）に引っかかって、国務副長官を辞めた。ところがその後、不思議なことに世界銀行の総裁になった。ゼーリックもまた、〝皇帝〟デイヴィッドの直臣のひとりだからだ。

麻生政権で財務・金融大臣だった中川昭一《なかがわしょういち》氏を失脚させたのはゼーリックである。中川大臣は「ローマG7」での〝朦朧《もうろう》会見〟の前日、「日本政府は1000億ドル（9兆円）をIMFに拠出する」として、IMFのドミニク・ストロスカーン専務理事と調印式を行なった。

中川昭一の決断にアメリカが怒った

これにアメリカは怒った。すでに自分たちアメリカの金だと思っている、日本の外貨準備高《フォーリン・リザーブ》1兆ドル（90兆円）のうちの1割を、チェコ

“愛国者”中川昭一を失脚させたのはゼーリックである

中川財務・金融大臣の左に座っている篠原尚之（しのはら　なおゆき）財務官がゼーリックの命令で動いた。直接手を下したのは財務省国際局長だった玉木林太郎（たまき　りんたろう）であり、この官僚と「特別に親しい関係」にある読売新聞経済部の越前谷知子（えちぜんや　ともこ）記者である。ワインに薬物を盛られてのフラフラ会見（2009年2月14日）で中川氏が失脚した後、日本は米国債買い（年間で21兆円）を再開した。

写真提供：PANA通信社

ゼーリックは中川氏に怒り心頭だった。愛国者の中川氏は「日本はもうこれ以上、米国債を買い増ししたくない。アメリカは身勝手だ」と堂々とアメリカを批判した（写真は世界銀行HPより）。

“酩酊《めいてい》会見”で中川氏の左側に座っていた篠原尚之財務官はその後、IMF副専務理事に出世した。あまりにも露骨な功労人事である（写真は世界銀行HPより）。

やハンガリーを緊急で助ける資金として日本が分け与えてしまったからである。ヨーロッパ人であるＩＭＦのストロスカーンのほうは「今どき、こんな寛大な国は日本しかいない」と泣くようにして喜んだ。

ゼーリックも、表面上は日本のこの決断に「歓迎の意」を表した。しかし腹の底は怒りで煮えくり返っていた。ゼーリックが「もう我慢ならない。中川昭一を失脚させろ」と、手下の日本財務官僚たちに命令を下した。アメリカは、中川氏の弱点だった〝アルコール依存症〟に見せかけて、彼を日本国財務大臣から引きずり降ろすことを謀《はか》った。中川氏は２００９年10月３日に死去した。

PROFILE ロバート・ブルース・ゼーリック

Robert Bruce Zoellick 1953年 ~

1953年	イリノイ州のナパービルに生まれる。
1975年	スワースモア大学卒業。その後、ハーバード大学行政大学院で修士号を取得、さらに、同大学法律大学院で博士号。
1985年	米財務省で、1989年までに複数の要職に就く。
1991年	G7サミットのブッシュ大統領個人代表（シェルパ）に。
1992年	ホワイトハウス副首席補佐官と大統領補佐官に任命。G7サミットのシェルパに再度任命される。
1997年	米国海軍兵学校の国家安全保障の教授に就任（1998年まで）。
1999年	米国貿易赤字調査委員会委員。
2001年	ブッシュ政権で米国通商代表部に参加。
2005年	ブッシュ政権で国務省の実務を担当する国務副長官。
2007年	世界銀行総裁に任命。

写真提供：Getty Images

50

ジョゼフ・ナイ

小沢一郎逮捕攻撃に失敗した謀略《ワル》家

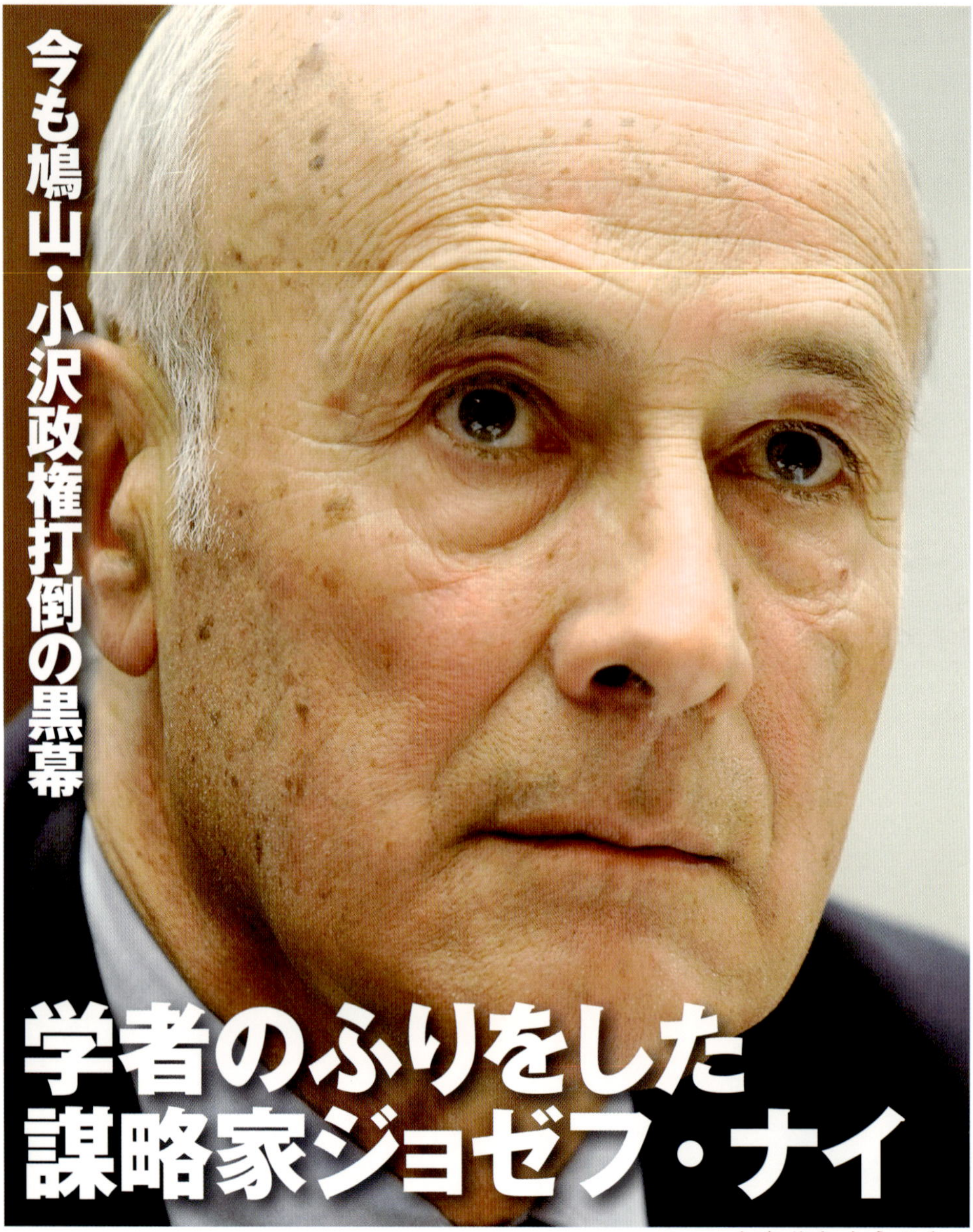

子分・船橋洋一《ふなはしよういち》
(朝日新聞主筆)

朝日新聞を決定的に堕落させた張本人で、極悪人。かつて反米リベラルだった健全な朝日新聞を汚しまくった男。許しがたい。

写真提供：共同通信社

“世界皇帝デイヴィッド”の日本総代理人。山本正（ただし）・日本国際交流センター理事長。恐ろしい。

写真提供：共同通信社

写真提供：Getty Images

リチャード・アーミテージ元国務副長官（写真左）、ジョゼフ・ナイ元国防次官補（写真右）、マイケル・グリーン元NSC（国家安全保障会議）上級アジア部長、ジェラルド・カーティス・コロンビア大学教授ら対日操り班（ジャパン・ハンドラーズ）たちは、日本に資金提供させるべく、自民党の親米ポチ政治家や日本の官僚たちを飼育してこれまで多くの汚いことをしてきた。

金融・経済とは別に、政治＝外交＝軍事の場面でのジャパン・ハンドラーズの頭目が、ジョセフ・ナイである。ナイは、ハーバード大学教授で、クリントン時代には国防次官補をやった。国家情報会議（NIC《エヌ・アイ・シー》）というCIAより上の諜報機関のトップだ。ナイは「ソフト・パワー」論で売ってきた。「(属国群には)ソフト(な)パワー(を行使せよ)」論である（どこがソフトだ）。

ナイは、2009年の6月、駐日大使として赴任してくる予定だった。ナイは、「私が、日本に赴任する前に、小沢一郎を片づけておけ」と、米国務省の一部局であるCIA（米中央情報部）の対日本の謀略部隊（破壊工作員たち）に命令を下していたが、失敗した。

小沢一郎攻撃の隠された真実

2009年3月から、小沢一郎に「西松献金疑惑」を仕掛け、さらに、2010年初めから「小沢政治資金収支報告書」攻撃を仕掛けた。検察特捜部（特捜部長佐久間達哉《さくまたつや》）・検察庁（検事総長樋渡《ひわたり》利明《としあき》、最高検検事大鶴《おおつる》基成《もとなり》）、法務省・警察庁の漆間巌《うるまいわお》（前官房副長官）らが謀略を仕掛けた。

彼らアメリカの手先に対して凶暴なマイケル・グリーン（P121）が暗躍して、直接指令を次々に与えている。

彼ら強硬《ハード・ライナー》派の日本管理者たちとは別に、アメリカ民主党リベラル派の悪いことをしない温厚な米外交官たちがいる。しかし彼らは、やがて辞任するオバマ大統領と共に去るだろう。そして凶暴な連中が世界に統制体制を敷くだろう。

PROFILE ジョセフ・サミュエル・ナイ・ジュニア

Joseph Samuel Nye, Jr. 1937年～

1937年	ニュージャージー州サウスオレンジ生まれ。
1958年	プリンストン大学を優等で卒業。ローズ奨学生としてオックスフォード大学で学び、ハーバード大学大学院で博士(政治学)の学位を取得。
1964年	ハーバード大学で教鞭をとる。
1977年	カーター政権で国務次官補（1979年まで）。
1993年	クリントン政権では国家情報会議議長（1994年まで）。
1994年	クリントン政権で国防次官補（国家安全保障担当）。
1995年	ハーバード大学のケネディ行政・政治学大学院（Kschool）の学長（2004年まで）。
2008年	12月に都内で日本の民主党幹部と会談。「オバマ次期政権下でインド洋での給油活動をやめ、日米地位協定などの見直しに動いたら反米と受け止める」と発言。

ジョン・ルース駐日大使

ジョゼフ・ナイに代わり、駐日大使となったジョン・ルースはオバマの友人である。大統領直轄の人物が大使に就任したことは非常に大きな意味がある。鳩山民主党政権の幹部たちは、ナイら対日工作班たちのこれまでの悪事を知っており、会談を嫌がることがわかっているから、オバマ政権（内の立派な人たち）はそうした人脈とは無関係な大統領直轄の清潔な人物を選任したのである。しかし無力で、ジム・ズムワルト首席公使の言いなり。

写真提供：Getty Images

51

安保問題で脅しをかける連中

リチャード・アーミテージ

マイケル・グリーン

CIA軍事部門の裏資金を背負ってきた恐ろしい男

リチャード・アーミテージ

「ショー・ザ・フラッグ」とは、海上に海賊船とかが現れたときに、所属する旗印をはっきり示せ、という意味である。旗を揚げない場合は、敵であると見なして砲撃するぞ、という意味の脅しの文句だ。アーミテージはブッシュ大統領から「この男のせいで政権が汚くなった。出ていけ」と言われて、田中眞紀子をいじめた翌年に失脚した。

カート・キャンベル

現在の国務次官補（東アジア・太平洋担当）。クリントン政権時代には国防次官補代理（東アジア・太平洋担当）として対日外交政策に関わり、普天間基地問題などを担当した。普天間基地問題とは、米海兵隊（マリーン・コウ）に対する米空軍の司令官たちからの差別と、米４軍の日本現地駐留軍の司令官たちの内紛と経費のぶん取り合戦が、その本質である。

写真提供：Getty Images

グリーンは米民主党・共和党の両刀遣いで、日本でも民主党・自民党に大きな影響力を持っている。2009年の鳩山政権誕生後に起きた沖縄の普天間基地移設問題ではやたら騒いでいた。ただのマッチポンプにすぎないことは既にバレている。小泉純一郎の息子、進次郎はアメリカ留学時代に、このグリーンのカバン持ちをしていた。

写真提供：PANA通信社

カウンターパート（子分）

前原誠司

2009年に民主党党首選に出馬した岡田克也を脅したのはマイケル・グリーンとワルの前原誠司だろう。2007年3月6日の前原ブログには、マイケル・グリーンとの朝食会の様子が写真入りで記されている。

写真提供：Getty Images

長島昭久

マイケル・グリーンの日本側のカウンターパートのひとりが、民主党の長島昭久防衛大臣政務官である。CFR（外交問題評議会）の研究員時代に同僚として交友して以来の縁である（写真は内閣府HPより）。

ジョゼフ・ナイと一緒になって、アメリカの軍事場面での年次改革要望書（対日圧力文書）である「アーミテージ・ナイ・リポート」を作成したのがリチャード・アーミテージ元国務副長官である。

プロレスラーのような体躯《たいく》堂々としている彼は元海軍中佐で、南米のコロンビアのコカインとかアジアの〝黄金のデルタ地帯〟の阿片《あへん》（オピアム）のカルテルと絡んでいる恐ろしい人物である。ベトナム戦争の時から麻薬と絡んでCIA軍事部門の裏資金を背負ってきた人物だ。

2001年、9・11事件が起こったとき、日本はアーミテージから、「ショー・ザ・フラッグ」（旗幟《きし》鮮明にせよ）という要求を受けた。このときアーミテージは、田中眞紀子外務大臣（当時）と対立関係に入った。アーミテージは自分と会わないと言った田中眞紀子に怒り狂い、日本のテレビ・新聞（政治部長会議）に命じて失脚させた。

岡田克也に因果を含ませたアメリカ

アーミテージの下で動いてきたのがマイケル・グリーンである。グリーンは「アーミテージ・ナイ・リポート」の本当の執筆者である。

2009年3月、アメリカは「西松献金問題」で謀略を仕掛けて、小沢一郎を潰《つぶ》そうとした。このとき、アメリカは、岡田克也《おかだかつや》を抱き込んだ。「お前を、アメリカの言うことをよく聞く、日本の首相にしてやるから、私たちの指図に従って動け。いいか」と岡田に「因果を含ませた」。直接、岡田に圧力をかけたのは、マイケル・グリーンだろう。しかし、このアメリカの策動は失敗しつつある。

PROFILE リチャード・リー・アーミテージ
Richard Lee Armitage 1945年～

1967年	アナポリス海軍兵学校を卒業後（海軍少尉）、ベトナム戦争に従軍。除隊後、国防総省情報局員として勤務。
1981年	レーガン政権で国防次官補代理。
1983年	レーガン政権で国防次官補（1989年まで）。
2001年	ブッシュ政権下で国務副長官を務めた（2005年まで）。

マイケル・ジョナサン・グリーン
Michael Jonathan Green 1961年～

1987年	ジョンズ・ホプキンス大学高等国際問題研究大学院（SAIS）で博士号を取得。
1994年	ジョンズ・ホプキンス大学助教授に就任。
2001年	アメリカ国家安全保障会議（NSC）日本・朝鮮担当部長。
2004年	NSC上級アジア部長兼東アジア担当大統領特別補佐官。

52

竹中平蔵の育ての親はこの男である

フレッド・バーグステン

グレン・ハバード

写真提供：Getty Images

ドル安論者で皇帝デイヴィッドの直臣

所長バーグステン

竹《たけ》中《なか》平蔵《へいぞう》を育てたのは、ピーターソン国際経済研究所（IIE《アイ・アイ・イー》）というシンクタンクの所長であるフレッド・バーグステンだ。バーグステンが竹中にずっと目をかけて、アメリカに資金を貢がせる係として教育した。

バーグステンは1985年の「プラザ合意」（先進国為替密約）の下書きを書いた張本人でもある。本来は民主党系だが、共和党寄りに軸足を移すこともできる。バーグステンは、CFR《シー・エフ・アール》（米外交問題評議会、日本の経団連に相当する）主催の講演会でもよく講演する。デイヴィッド・ロックフェラー直系だ。

竹中平蔵はレンタル大臣

竹中平蔵の直接の教育係は、コロンビア大学教授のグレン・ハバードである。ブッシュ政権第一期目の経済政策をまとめていた財政学者（税法学者）で、大統領経済諮問会議（CEA《シー・イー・エイ》）の委員長だった。現在

竹中平蔵への指令係をしていたのはグレン・ハバードだった

グレン・ハバードは何度も日本の新聞・雑誌に登場して、竹中の強引なやり方にエールを送っていた。これが日本政府や各省の官僚たち、そして銀行のトップたちに、かなりの圧力として働いた。

写真提供：共同通信社

ローレンス・リンゼーはいい人

ハバードと同じくブッシュ政権一期目で、大統領補佐官（経済担当）を務めていたのがローレンス・リンゼーである。竹中とも個人的なつながりが深かったらしい。リンゼーはいい人で、嫌われてブッシュ政権を追われた。

写真提供：Getty Images

小泉純一郎より竹中のほうがアメリカから直接の指令を受けていた。写真は2001年6月21日に行なわれた経済財政諮問会議における小泉首相（写真左）と竹中経済財政担当大臣（写真右）。写真提供：Getty Images

はコロンビア大学ビジネススクールの院長である。竹中とハバードは、ともにハーバード大学で秘密の会合の参加者として出会っている。ハバードが、ハーバード大学留学組の元銀行員にすぎなかった竹中を「学者に仕立てて」日本政府にレンタルした。

竹中は、金融担当大臣に就任する以前から、「タケナカ、次はこうしろ。その次はこうだ」と指図を受けていた。

「竹中プラン」は、ハバードからの指令という性質が強い。ハバードが、「日本の不良債権《バッド・ローン》の処理速度は遅すぎる。もっと加速せよ」と露骨に日本政府に圧力を加えて、日本の金融業界を混乱に陥れた。

PROFILE フレッド・バーグステン
Fred Bergsten 1941年～

1967年　外交問題評議会の上級研究員に就任。
1969年　ヘンリー・キッシンジャーのアシスタントとして国家安全保障会議で米国対外経済政策に携わる。
1977年　カーター政権で国際担当財務次官補。
1981年　国際経済研究所を設立し所長に就任。

グレン・ハバード
Robert Glenn Hubbard 1958年～

1983年　ハーバード大学博士号を取得。
1988年　コロンビア大学教授に就任。
2001年　ブッシュ政権下で大統領経済諮問委員会委員長に就任。
2004年　コロンビア大学ビジネススクール校長に就任。

53 金融・経済面での日本操《あやつ》り対策班

ジェラルド・カーティス

ケント・カルダー

エドワード・リンカーン

ロバート・フェルドマン

写真提供：Getty Images

1940年生まれ。日本の選挙制度を研究した『代議士の誕生』（サイマル出版会 1969年刊）で認められ、28歳の若さでコロンビア大学助教授に就任した。同大学教授、東アジア研究所所長などを経て、2000年より政策研究大学院大学客員教授を務める。日本人の奥さん（みどりさん）が怖い。

写真提供：Getty Images

1953年生まれ。竹中平蔵の通訳係。現在もまだモルガン・スタンレー証券の日本担当チーフアナリストおよびマネージングディレクター（株式調査部長）を務めている。

写真提供：Getty Images

温厚そうな顔を…

1948年生まれ。現在はジョンズ・ホプキンス大学教授、同高等国際問題研究大学院（SAIS）付属エドウィン・ライシャワー東アジア研究センター長を務めている。研究者というよりは裏で動く"隠れCIA"とでもいうべき人物。

アメリカの「日本管理操《あやつ》り対策班」（ジャパン・ハンドラーズ）の中には直接日本までやって来て、現地司令官（現場監督）として日本政府の政策や、金融・経済の運営にまで口を出す連中がいる。日本の政・財・官界を動き回り、直接圧力をかけている。彼らの暗躍が日本を悪くした。

ジャパン・ハンドラーズの金融・経済の分野での代表が、ジェラルド・カーティス、ケント・カルダー、エドワード・リンカーン、ロバート・フェルドマンである。この中で、今も現地司令官をしているのが、コロンビア大学名誉教授のジェラルド・カーティスである。

日本の大臣人事にまで干渉する

カーティスは、一見、真面目で学者然としていて、アメリカでは立派な日本学者という評価を得ている。しかしこの人物の日本に対する干渉はひどい。日本の大臣たちの人事にまで干渉した。首相官邸にまで乗り込んでいって、わいわい文句を言う人物だ。

カーティスは恐妻家で、奥様のみどりさんが「次の大臣はこの人と、この人にしなさい」と指示を出していたそうだ。日本の政策研究大学院大学というシンクタンクは、カーティスの肝いりでつくられた日本操り大学である。

テレビ番組の『ワールドビジネスサテライト』に、今もよく出てくるロバート・フェルドマンも「日本操り班」のひとりである。フェルドマンはモルガン・スタンレー在日法人の主任エコノミストで、竹中平蔵の通訳係（ご養育係）である。フェルドマンがいつも日本にいて、直接、竹中平蔵に指図を与えている。

日本の経済体制を露骨に批判し続けた過激な規制緩和論者。「郵貯廃止」も積極的に唱え続けた。ジョンズ・ホプキンス大学講師、日本経済研究所（ワシントン）副所長、モンデール駐日米国大使特別経済補佐官、ブルッキングス研究所上級研究員などを経て、現在はCFR（外交問題評議会）上級委員。

写真提供：Getty Images

おわりに

この本を出したあと、私に何が起こってもいい。その覚悟をしている。私の遺言書《いごんしょ》のような良い出来の本である。日本国民への私からの贈り物だ。

我ら日本人がアメリカにバカにされたままでよいはずがない。中国を含めたアジア諸国を率いて、日本が先に世界の大きな真実を知り、自覚し、諸国に広め、そして対策を立てる。私の政治知識人《ポリティカル・インテレクチュアル》（思想家）としての苦闘の30年の成果である。

『属国・日本論』（1997年刊、五月《ごがつ》書房）も私の主著である。世界から見れば日本など「世界の百分の一」である。日本はアメリカ帝国に今も運命を握られたままであるが、なんとか身をふりほどいて自立・独立の国を目指さなければならない。私は、鳩山由紀夫・小沢一郎政権の優れた国民政治家《ナショナリスト》（民族指導者）たちの闘いに深い敬意を表する。

世界を裏から支配する「闇の世界権力」など存在しない。彼らは堂々と表に出ていて、思う存分、各国に愚劣なる政・官・財・電波（メディア）を育て、かつ操《あやつ》っている。日本もその例外ではない。この本に対して「陰謀論の本だ」という非難、中傷を諸真実の力で粉砕してみせる。

人間の顔は真実を語る。世界の超大物《スーパー・クラス》たちのワルい顔にこそ味わいがある。これが、私たちが生きている今の世界である。

2010年2月　副島隆彦

索　引

【ア】
アーミテージ、リチャード　Richard Lee Armitage　36,41,120,121

【ウ】
ウォルフォヴィッツ、ポール　Paul Wolfowitz　112

【エ】
エイブラムス、エリオット　Elliott Abrams　113
エマニュエル、ラーム　Rahm Emanuel　38,39

【オ】
オバマ、バラク　Barack Hussein Obama　6,7,8,9,24,26,28,29,37,38,39,40,95
オバマ、ミシェル　Michelle LaVaughn Obama　6,7,8,9,28,29
温家宝（おん かほう）　Wen Jiabao　84,85,89

【カ】
ガイトナー、ティモシー　Timothy Franz Geithner　34,35,36
カーティス、ジェラルド　Gerald L. Curtis　124,125
カルダー、ケント　Kent Eyring Calder　125

【ク】
クリントン、ヒラリー　Hillary Rodham Clinton　8,9,26,27,29,39
クリントン、ビル　William Jefferson “Bill” Clinton　9,23,26,27,49
グリーンスパン、アラン　Alan Greenspan　45,46,47,51
グリーン、マイケル　Michael Jonathan Green　36,119,121
クルーグマン、ポール　Paul Robin Krugman　54,55

【ケ】
ゲイツ、ビル　William Henry Gates III　58,59

【コ】
ゴア、アル　Albert Arnold "Al" Gore, Jr.　41,76,77
江沢民（こう たくみん）　Jiang Zemin　86,87
胡錦濤（こ きんとう）　Hu Jintao　71,84,85,94,95

【サ】
サマーズ、ローレンス（ラリー）　Lawrence Henry Summers　41,49,50,51,54,55,56,57,63
サルコジ、ニコラ　Nicolas Paul Stephane Sarkozy de Nagy-Bocsa　95,98,99

【シ】
シルバ、ルーラ・ダ　Luiz Inacio "Lula" da Silva　70,71,92,93,95,
習近平（しゅう きんぺい）　Xi Jinping　78,79,88,89
シン、マンモハン　Manmohan Singh　57,70,92,93,94,95

【ス】
スティグリッツ、ジョゼフ　Joseph E. Stiglitz　56,57
ストロスカーン、ドミニク　Dominique Strauss-Kahn　95,101,116,117

【セ】
ゼーリック、ロバート　Robert Bruce Zoellick　116,117

【ソ】
曽慶紅（そう けいこう）　Zeng Qinghong　86,87,89
ソロス、ジョージ　George Soros　64,65

【チ】
チェイニー、ディック　Richard Bruce "Dick" Cheney　11,30,31,33,110,111
チュー、スティーブン　Steven Chu　40,41

【ト】
鄧小平（とう しょうへい）　Deng xiao ping　82,83,84,85,86
トリシェ、ジャン＝クロード　Jean-Claude Trichet　100,101

【ナ】
ナイ、ジョゼフ　Joseph Samuel Nye, Jr.　118,119

【ハ】
バーグステン、フレッド　Fred Bergsten　36,122,123
バーナンキ、ベンジャミン　Benjamin Shalom "Ben" Bernanke　36,44,45
ハバート、グレン　Robert Glenn Hubbard　122,123
パール、リチャード　Richard Perle　113
バフェット、ウォーレン　Warren Edward Buffett　58,59,64
バローゾ、ジョゼ・マヌエル　Jose Manuel Barroso　95,100,101

【フ】
フェルドマン、ロバート　Robert Alan Feldman　37,124,125
フクヤマ、フランシス　Francis Fukuyama　112,113
プーチン、ウラジーミル　Vladimir Vladimirovich Putin　90,91
ブッシュ、ジョージ・ウォーカー　George Walker Bush　23,30,31,32,33,110,111,120
ブライアン、ウィリアム・ジェニングス　William Jennings Bryan　108,109
ブラウナー、キャロル　Carol Browner　40,41
ブラウン、ゴードン　James Gordon Brown　95,99
フリードマン、ミルトン　Milton Friedman　60,62,63
ブレジンスキー、ズビグニュー　Zbigniew Kazimierz Brzezinski　24,25

【ホ】
ポール、ロン　Ronald Ernest "Ron" Paul　104,105
ボルカー、ポール　Paul Volcker　11,35,36,37
ポールソン、ヘンリー　Henry Merritt "Hank" Paulson　78,79
ボルトン、ジョン　John Bolton　113

【マ】
マードック、ルパート　Keith Rupert Murdoch　80,81

【メ】
メドヴェージェフ、ドミトリー　Dmitrii Anatolievich Medvedev　71,72,90,91,94,95
メラメッド、レオ　Leo Melamed　60,61,63
メルケル、アンゲラ　Angela Dorothea Merkel　95,98,99

【モ】
毛沢東（もう たくとう）　Mao Zedong　83

【ラ】
ライス、コンドリーザ　Condoleezza Rice　30,31,33
ラムズフェルド、ドナルド　Donald Henry Rumsfeld　110,111

【リ】
李克強（り こくきょう）　Li Keqiang　78,88,89
リバーマン、ジョゼフ　Joseph Isadore "Joe" Lieberman　26,27
リンカーン、エドワード　Edward J. Lincoln　125
リンドバーグ、チャールズ　Charles Augustus Lindbergh　107

【ル】
ルービン、ロバート　Robert Edward Rubin　48,49,67

【ロ】
ロジャース、ジム　Jim Rogers　65
ロスチャイルド、ジェイコブ　Jacob Rothschild　19,72,73,75
ロスチャイルド、ナット　Nathaniel Philip Victor James Rothschild　73
ロスチャイルド、イヴリン　Evelyn de Rothschild　74,75
ロスチャイルド、ダヴィド　David de Rothschild　74,75
ロックフェラー、デイヴィッド　David Rockefeller, Sr.　6,9,10,11,12,14,17,20,21,24,25,29,34,35,36,49,51,65,66,67,76,79,110,111,116,122
ロックフェラー、ジェイ　John Davison "Jay" Rockefeller IV　7,11,12,13,14,49,67,77,78
ロックフェラー、ネルソン　Nelson Aldrich Rockefeller　17,20,21,111
ロックフェラー、ウィンスロップ　Winthrop Rockefeller　17,22,23
ロング、ヒューイ　Huey Pierce Long, Jr.　106,107

【ワ】
ワイル、サンフォード　Sanford Weill　11,66,67

◎著者紹介

副島隆彦（そえじま たかひこ）

評論家。副島国家戦略研究所主宰。1953年、福岡県生まれ。早稲田大学法学部卒業。外資系銀行員、予備校講師・常葉大学教授等を歴任。政治思想、金融・経済、歴史、社会時事評論などさまざまな分野で真実を暴く。「日本属国論」とアメリカ政治研究を柱に、日本が採るべき自立の国家戦略を提起、精力的に執筆・講演活動を続けている。タブーを恐れない歯に衣着せぬ発言に、カリスマ的な人気を誇る。
主な著書に、『属国・日本論』（五月書房）、『世界覇権国アメリカを動かす政治家と知識人たち』（講談社＋α文庫）、『英文法の謎を解く』（ちくま新書）、『預金封鎖』『ドル亡き後の世界』（以上、祥伝社）、『日米「振り込め詐欺」恐慌』（徳間書店）、『あと５年で中国が世界を制覇する』（ビジネス社）、『時代を見通す力』（ＰＨＰ研究所）、『仕組まれた昭和史』『暴走する国家 恐慌化する世界』（佐藤優氏との共著・以上、日本文芸社）などがある。

［ホームページ・副島隆彦の学問道場］ http://www.soejima.to/

◎制作スタッフ
カバー・デザイン／長谷川 理（フォンタージュ ギルド デザイン）
本文デザイン／かがやひろし　谷口圭詩　望月左枝子
図表作成／高橋未香
写真協力／Getty Images　ＰＡＮＡ通信社　ＡＦＬＯ
共同通信社　毎日新聞社　AP images
編集協力／有限会社グラマラス・ヒッピーズ

世界権力者 人物図鑑

平成22年2月28日　第１刷発行
平成22年3月20日　第２刷発行

著　者／副島隆彦
発行者／西沢宗治
ＤＴＰ／株式会社公栄社
印刷所／図書印刷株式会社
製本所／図書印刷株式会社
発行所／株式会社 日本文芸社
〒101-8407　東京都千代田区神田神保町1-7
TEL.03-3294-8931［営業］, 03-3294-8920［編集］
振替口座　00180-1-73081
＊

Printed in Japan　ISBN4-537-25743-4
112100225-112100311Ⓝ02
編集担当・水波
URL　http://www.nihonbungeisha.co.jp